아이와 함께하는

바다사랑 이야기

도서해양교양문고 ⑤

아이와 함께하는

바다사랑 이야기

이정연

민속원

머리말

서울토박이가 전남에 위치한 대학에 몸을 담은 지도 어언 20년이 가까워 온다. 10여분만 달리면 영화 속 한 장면같은 바닷가 풍경이 펼쳐지는 명당에서 지내온 탓인지, 바다 하면 이내 가슴이 뜨거워진다. 햇살이 반사되는 은빛 물결이 그려내는 풍경에서 멀어지면 몸과 마음이 답답해지기도 한다. 바다에 대한 글쓰기도 그래서일까, 배를 타고 선착장에서 줄을 서서 기다리고 배멀미를 하는 여정이 고되지만, 바다는 모든 고생을 한 번에 보상해주는 힘을 지닌다. 어떤 사람에게는 매일 보는 바다가 새로울 게 없을 수도 있다. 막상 섬에 가면 막연히 기대한 이미지와는 달리 썰물같은 고립된 느낌을 먼저 대하게 된다.

그럼에도 바다는 푸르다 못해 검은 쪽빛으로 출렁이고 섬은 외지인의 허전한 발걸음을 받아들인다. 무심한 표정이 더 정겹게 느껴지는 건 왜일까. 언제든 돌아갈 곳이 있다는 위로를 주는 섬과 바다. 나를 반기는 누군가가 있지 않아도 마음 한 켠엔 '해당화 피고 지는 섬마을'이라는 심리적 원형이 있는 것 같다.

속도전쟁을 치루며 사는 일상에 대한 반작용처럼 느리게 걷기, 명상, 오지체험 등이 늘어나고 있다. 그리고 힐링 트렌드를 따라 바다는 우리에게 더욱 가까워지고 있다. 감성의 나래를 펼칠 수 있는 마지막 보고寶庫인 바다. 눈으로 가슴으로 담은 바다에 내 마음을 실어 물결이 이는 대로 떠오르는 단상을 적어본다. 나에게 있어 이 작업은 하나의 소박한 바다사랑법이며, 바다에 대한 보은 활동이다.

1부 〈바다이야기〉는 살아온 인생과 바다와 대한 단편적인 생각들을 수필 형식으로 적은 것으로, 바라보다, 어울려 살다, 다르게 살다 등으로 구성하였다. 2부 〈바다에 적은 시〉는 바다를 보며 떠오르는 시상을 적은 것이다. 3부 〈해변의 노래〉는 동심으로 돌아가 바다가 들려주는 리듬을 동시 형식으로 적은 것이다. 그동안 바다를 소재로 하여 찍어둔 해외 사진과 다양한 재료를 활용하여 틈틈이 제작한 작품들을 배치하여 전반적으로 〈아이와 함께하는 바다사랑이야기〉라는 보따리가 나오게 되었다. 미흡한 내용이지만, 다양한 형식의 콘텐츠로 재탄생하기를 기대하며 몇 가지 아이템을 부록에 첨부하였다.

이 책이 나오기까지 관대하게 지켜봐주신 강봉룡 목포대학교 도서문화연구원 원장님과 출판업무를 담당해주신 홍순일 HK연구교수님, 그리고 책의 제목이며 디자인, 내용에 이르기까지 같이 고민해주신 홍종화 민속원 사장님, 여러 번의 수정을 마다하지 않고 도와준 신나래 선생님에게 머리숙여 감사드린다.

내 인생의 바탕 화면인 바다, 눈에 선한 바다빛, 깊은 바다숲, 그리고 정감어린 다도해의 정원에 이 책을 바친다.

2015년

바다가 보이는 복길리 마을에서

이정연

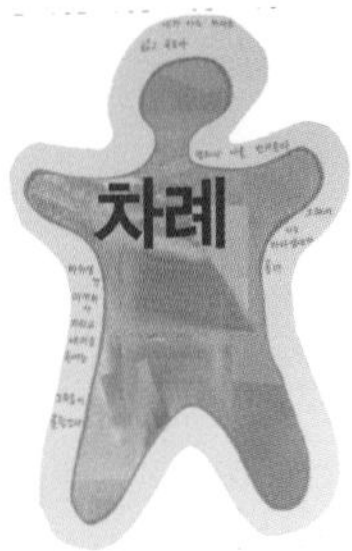

차례

1부 바다 이야기

1장 바라보다_ 13

2장 어울려 살다_ 55

3장 다르게 살다_ 97

2부 바다에 적은 시

3부 해변의 노래

부록 바닷가 놀이학교

1부

바다 이야기

1장

바라보다

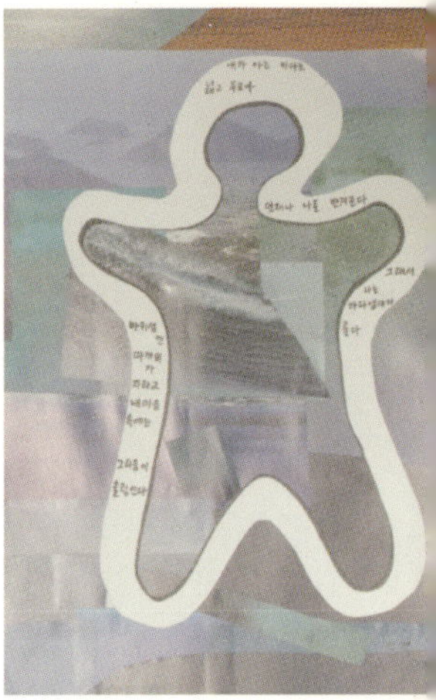

01

본다는 것

우리는 눈을 통해서 사물을 보고 사실을 확인한다. 그런데 다 같이 가면서도 못 보고 지나치는 풍경이 있다. 등잔밑이 어둡다는 말처럼 옆에 두고도 그 존재를 의식하지 못하게 된다. 안 만큼 보인다고 했던가. 사물에 대한 설명을 듣고서야 그 진가를 알고 더 자세히 보게 되기도 한다. 한 편으로는 눈에 보이는 게 다 전부는 아니라고 한다. 보이지 않는 진실도 존재하는 것이다.

그런데 보는 것과 믿는 것은 또 별개의 차원이다. 자기 눈으로 직접 보기 전에는 믿지 못 하겠다는 사람도 있지만, 눈 앞에 일어난 일을 보면서도 믿지 않으려는 사람도 있다. 인간의 두뇌가 행하는 정보처리과정은 기계와 달리 각자의 렌즈를 통해 각각 다르게 선택하고 저장하고 편집하고 해석하는 지극히 주관적인 과정이다. 선택적 집중이라고 하여 자신이 관심있는 대상의 경우, 그것이 인간이든 사물이든, 더 오래, 자세히 집중하고 장기기억을 하게 된다. 그러면 역시 자신이 원하는 대상을 주의깊게 눈여겨보게 마련이니, 결국 봤느냐 못 봤느냐하는 문제는 마음속에 그 대상이 있는 지 없는지에 달려있다고 말할 수 있다. 결국, 눈이 있어서 보게 되는 게 아니라 마음속에 있을 때 눈으로 보게 되고, 간절한 열망이 있으면 더 크게 선명하게 보일 수 있다.

우리 앞에 출생의 비밀을 간직한 바다가 펼쳐져 있다. 바다가 강이나 호수와는 확실히 다르다는 사실을 인식한 것은 밀물과 썰물의 세계를 체험한 이후의 일이다. 무정한 바다, 광활한 품을 지닌 바다 등으로 바다를 정서적으로 인식한 것은 더 한참 후의 일이다. 그리고 바다에 익숙해진 후에도 다시금 바다는 신비하게 느껴진다. 이 세상의 모든 물이 마침내 도달하는 가장 낮은 상태의 바다, 억만년의 시간이 흘러도 줄지도 늘지도 않는 바다, 한 낮의 모습과는 전혀 다른 밤바다, 멀리서도 사람의 마음을 끌어당기는 충동적인 바다. 바다의 실체는 한 사람의 두뇌로 파악하기에는 너무나 거대한 미지의 대상이며 경외의 대상이다. 인식의 경계 저 너머에 바다가 존재한다. 찾아가는 방문객

갯벌1, 이정연, 2015

들에게 노승이 '차나 한 잔 하고 가라.'고 하듯이 바다는 그저 와서 놀다 가라고 한다.

화려한 수식어를 스스로 내려놓게 하는 장엄한 바다. 지금 생각해 보면, 본다고 해서 다 보이는 게 아니고, 안다고 해서 다 보이는 것도 아니다. 지금 여기서 어떻게 보이는 지, 어떻게 느껴지는 지를 마음 가는 대로 스케치해 볼 뿐이다. 아스라히 펼쳐지는 해안가의 풍경을 가슴에 담아볼 뿐이다.

02

의미찾기

바다는 우리에게 무엇인가? 단순히 자연 환경인가 혹은 피서철에 다녀가는 유흥지인가? 지도에 있는 바다와 마음 속에 있는 바다는 어떻게 다른가? 삼면이 바다로 둘러싸여있는 나라에 살면서, 바다가 멀게 느껴진다면 우리에게 바다는 주변에 불과한가?

바다에 대한 심리적인 거리감은 우리의 지향하는 가치관과도 관련이 있다. 스스로에게 대륙지향적인지 해양지향적인지를 물어보기로 하자. 육지를 더 우월한 지역으로 생각하고 바닷가를 더 낙후된 지역으로 생각하는 경향이 우리에게 있는 건 아닐까. 오랜 역사속에서 그러한 고정관념이 뿌리박히게 되면 바다는 사고의 중심에서 멀어지고 일상생활에서 멀어지며 바다의 가치 또한 저평가하게 된다. 바다가 중요한 일터인 사람에게도 바다의 가치를 인식하지 못하고 육지를 동경하는 경향이 있게 된다. 심지어는 뱃사람, 뱃놈이라는 자조적인 용어를 쓰기도 한다.

신해양시대를 맞이하여 물위를 가르는 요트처럼 앞으로의 바다여행이 시원하게 열리고, 경제대국을 향한 해양자원이 계속 개발될 것이다. 하지만, 그러한 외형적인 투자가 이루어지기 전에 우선 바다의 의미 찾기가 시작되어야 한다. 레저스포츠와 해양관광, 또는 해양 실크로드의 큰 줄기가 세워지려면 바다와 친해지는 일상적인 생활문화가 정착되어야 한다. 바닷가 모래축제처럼 일 년에 한 두 번 있는 이벤트가 아니라 늘 먹는 저녁식사처럼, 늘 가는 동네 카페처럼, 늘 듣는 음악처럼 바다가 일상으로 들어오는 일이 늘어날 때, 비로소 친해진다고 할 수 있다. 그리고, 외지인을 위한 바다가 아니라 우리가 함께 공유하고 정이 드는 앞마당처럼 편한 바다가 되어야 한다.

이러한 작업은 결코 사소한 분야가 아니며, 한 번에 이루어지는 것도 아니다. 영화 한 편 찍는다고 해서 섬마을이 살고, 해조류가 몸에 좋다고 해서 어촌의 경제가 바로 살아나기는 어렵다. 생활습관이 건강에 필수조건이듯이, 바다와 함께 호흡하고 스며드는 문화적 감

갯벌2, 이정연, 2015

수성이 배양되어야 무의식까지 청정해역이 되는 것이다.

바다는 어미이다. 인류 역사가 해안에서부터 시작하였듯이 문명이전부터 생명을 잉태하고 배양해온 어미이다. 성장한 후에도 돌아가고픈 거대한 자궁이다. 목마름을 느낄 때마다, 허기를 느낄 때마다 갈망을 채워주는 바다앞에서 우리는 누구나 어린애가 된다.

저 푸른 바다가 유휴지의 상태로 우리 앞에 놓여있다. 마음속 부유 물질을 바다에 풀어놓고 떠나보내는 마음공부를 하기에 충분한 사계절 어장이 개방되어 있다. 바다에 말 걸기. 바다와 친해지기. 바다와 놀기. 굽이굽이 돌아가는 해안도로 곳곳에 무리지어 자생하는 동백나무를 바라보며 마음의 휴식을 취해본다. "더는 아프지 말아라." 하고 바다가 말하는 소리가 들린다.

03

바다체질

"바다가 나를 부른다."라는 말은 많이 하지만 바다와 교감하는 징한 그 무엇이 없다면 바다를 즐기고 버리고 올 뿐, 바다를 진정으로 안다고 할 수 없다. 당신은 바다색의 변화를 아는가? 당신은 바다의 결을 아는가? 당신은 바다의 품을 아는가? 당신은 바다가 밀쳐내고 끌어당기는 힘을 아는가? 바다의 색만 보고도 오늘 출항할 것인지 여부를 파악하는 진짜배기 뱃사람이 되려면 청춘을 바다에 바쳐야 할 것이다. 작은 어선과 생사를 같이 하면서 보다 깊은 시선으로 바라보는 겹겹의 세월을 통과해야 바다가 스며들고 배어드는 법이다.

그러한 통과의례를 거쳐 뱃사람이 된다. 물고기가 물을 만난 듯 자신도 모르게 바다로 나아가는, 바다얘기를 들으면 힘이 펄펄 나는, 바다의 짠내가 없이는 세상살이가 싱거운 바다체질이 된다. 도심에서는 50평, 100평 하는 건물도 대단한 자산이겠지만 바다가 펼치는 무한대 스크린에서 숨쉬는 바다체질에겐 그저 콧구멍만한 면적에 불과하다. 바다의 수평선, 바다의 깊은 곳, 그리고 바다위 하늘까지 포함한 면적을 가슴에 품고 사는 바다체질에게 엘리베이터를 타고 각자의 칸막이 공간으로 들어가 산다는 건 비좁은 감옥살이나 다름없을 것이다.

햇볕에 검게 그을린 근육질의 바다사나이, 허리가 휘도록 물질하는 바닷가의 아낙네에게 바다는 친근하면서도 두려운, 두려우면서도 계속 몸을 담가야하는 숙명의 현장이다. 바닷가

마을에서는 오늘도 많은 이야기가 펼쳐진다. 육지보다 바다에서 보낸 세월이 더 긴 경력 40년의 갑판장, 때깔좋은 꽁치회가 광어회보다 더 뱃속을 풀어준다는 선원들, 고깃배를 타고 나간 남편을 삼킨 바다를 떠나지 못 하고 오늘도 바지락을 캐는 아낙네들, 풍어제를 지내고 빌어논 덕에 올해도 자손들이 아무 탈이 없이 무사하다고 믿는 노인들-

바다체질은 바다에서 발을 빼지 못한다. 바다와 함께 살아가면서 바다에 혼잣말을 곁들여 풀어내고, 자신의 힘으로 해결할 수 없는 운명을 바다에 하소연해보기도 한다.

바다체질은 자신의 감정보다 바다의 희로애락에 더 민감하다. 처음에는 사진이나 찍고 그림이나 그리러 온 사람들도 바닷가에서 오래 머무를 수록 사진이 달라지고 그림이 달라진다. 바다체질의 싱싱한 예술작품이 나온다.

바다체질이 된다는 것은 바다가 마치 제2의 고향으로 느껴지는 회귀본능의 차원, 아니 전생에서도 바다에서 태어난 듯한 경지라고 말한다면 너무 지나친 표현일까? 객지에 나가 산전수전 겪고 어느 정도 살만큼 정착이 되어도 바다를 잊지 못하는 사람이라면 니코틴처럼 몸에 밴 바다체질이 되어서 그럴 것이다. 감추려 해도 드러나는 바다체질에게는 도시인들이 오히려 역설적으로 고립된 하나의 섬일지 모른다. 그러한 섬과 섬을 연육교처럼 이어주듯 진하면서도 화끈한 바다냄새가 그립다.

04

바다의 얼굴

바다의 얼굴을 본 적 있는가. 당신이 본 바다의 얼굴은 드러난 모습인가 숨겨진 모습인가. 당신이 보았다고 믿고 있는 바다의 얼굴은 다른 사람이 본 모습과 같은가 혹은 다른가. 아니 어쩌면 바다 자체가 매일 다른 얼굴을 하고 있는 지도 모른다. 새벽의 바다, 비오는 날의 바다, 가문 날의 바다, 태양이 작렬하는 눈부신 바다, 석양에 물드는 바다, 그리고 달빛이 차르르 흐르는 비단결같은 바다- - -

인간이 살덩어리 이상의 존재인 것처럼 바다 역시 물이 모인 집합체 그 이상의 존재이다. 바다는 항상 멈추지않고 많은 생명체를 길러낸다. 바다에도 육지처럼 길이 있고, 해풍과 해류도 생태계 안에서 순환한다. 바다는 하나의 거대한, 길들여지지 않는 실체이며 깊이를 알 수 없는 표정을 지닌다.

지나가는 물고기떼가 다 들여다보이도록 투명한 바다는 우리의 마음을 시원하게 해주고, 폭풍이 휘몰아쳐 파도의 포말이 바위에 하얗게 부서지는 순간의 바다는 우리의 마음을 뒤흔들어 놓는다. 태풍과 함께 몰아치는 바다의 야만성은 인간의 한계를 여지없이 무너뜨리고 무방비상태에 놓이게 한다.

그리고 자신의 삶이 투영된 바다와 겉으로 스쳐 지나간 바다는 다를 수 있다. 자신이 살아온 날들에 대한 기억의 빛깔에 따라 바다는 달콤하게 속삭이기도 하고 한순간에 다 빼앗아가기도 하고 아늑한 품을 제공하기도 하는 다양한 모습으로 비쳐진다.

말로는 딱히 설명할 수 없고 '감'으로 판단하고 바다와 한통속으로 살아온 사람들도 겉잡을 수 없는 게 바다의 얼굴이라고 한다. 물이 무섭게 차오르는 사리때에는 물뱀이 오는 듯 두렵고, 절벽에서 내려다 보는 바다는 다리가 후들거릴 정도로 무서워 정면승부를 벌이는 느낌마저 든다. 물살이 빠르게 휘몰아가는 울돌목에선 물속에 빨려 들어갈 것만 같다. 때로는 짐승처럼 포효하는 바다가 스스로 평정을 되찾고 온화한 얼굴로 돌아올 때까지 인간은 그저 속수무책으로 기다려야 한다.

일찍 배가 끊어지는 작은 포구에 밤이 되면 낮과는 달리 암막이 드리워진 바다를 만나게 된다. 사방으로 트여있는 데도 탈출구가 없는 것처럼 느껴지고 행인의 발걸음을 멈추게 한다. 가끔 들르는 어느 공판장에 억척스럽게 살아온 사람이 있다. 정신 번쩍나게 생활력이 강한 사람에게 대단하다고 존경심을 표하면 되레 화를 낸다. 원래부터 이런 사람이 아니고, 세파에 시달리다보니 어느새 거칠고 드세고 강해졌다고 말한다. 다시 태어나도 이렇게 살고 싶지 않다고 한다. 부정하고 싶으면서도 어쩔 수 없이 받아들여야 하는 현실. 그리고 그러한 현실을 닮은 포구 앞에서 밤바다를 바라본다. 바다의 진정한 얼굴은 밤에 본 얼굴일까.

05

바다의 몸짓

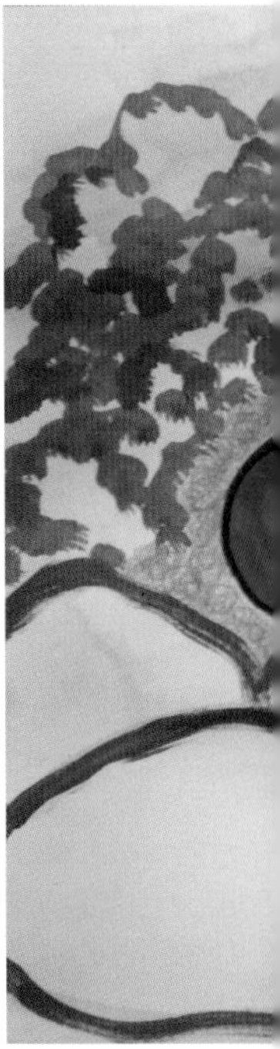

해안선을 따라 한적하게 걷는다는 건 직장에 매여 있는 사람에겐 사치이다. 무더운 여름, 도심의 분수로 만족해하며 바쁜 발걸음을 재촉하는 사람에겐 사직서를 멋있게 날리고 바다로 떠나는 그림을 한 장쯤은 지니고 살지만, 그 그림은 늘 다른 일에 밀려 서랍속에 잠들고 잊혀진다.

바다를 찾는 시간대는 사람들의 취향마다 다르다. 결벽증 환자처럼 아침에 동트기 전에 가는 사람이 있고, 혼자 바다를 가면 처량하다고 사람이 붐빌 때 가야 맛이 난다는 사람도 있다. 비가 오거나 눈이 오는 바다를 더 좋아하는 사람도 있고, 석양으로 물빛이 황금색으로 물드는 저녁이면 바다로 나가는 사람도 있다.

나로서는 멀리서 바라보는 바다가 좋다. 첨벙이며 발을 담그지 않아도, 모래벌판에 발자국을 남기지 않아도 산언덕에 앉아 바다를 내려다보고 있노라면 생각은 한가롭게 종이비행기처럼 저 혼자 과거에서 현재로 그리고 현재에서 미래로 배회하고, 시선은 멀리 수평선 끝까지 뻗어나간다. 더우면 입고 있던 웃옷을 벗어 바닥에 깔고 편안히 걸터앉아 바다의 몸짓을 바라본다. 느리게 반복적으로 흔들리는 움직임 속엔 풋사랑이 들어있고, 가난한 예술가의 붓이 들어있고, 절반쯤 술이 남은 술병이 들어있다.

색채의 마술사라고 불리우는 앙리 마티스는 카탈루냐 어부들이 해변에서 추는 춤추는 모습을 모티브로 하여 단순하면서도 강렬하게 형상화하여 다섯 명의 군무를 작품 〈춤〉으로 표현하였다고 한다. 원시적인 자연으로의 회귀열망이 그대로 가슴으로 들어온다. 그의 또 다른 작품인 〈푸른 누드〉를 닮은 바다가 눈 앞에서 넘실댄다. 바다가 불러일으키는 무책임한 환상과 기분좋은 어지러움에 몸을 맡긴다. 자유롭고 싶었으나 자유롭지 못했던 날개를 풀어놓고, 못 다한 말도 풀어놓고, 아직도 진행중인 삶의 물갈퀴도 떼어 놓는다.

이기적인 생각인지는 몰라도 바다로 가는 교통편이 더 개발되지 않았으면 한다. 사람의 심리가 가깝다고 해서 자주 가는 것도 아니다. 목적지에 쉽게 도달하면 그만큼 감흥이 적

문어1, 이정연, 2015

다. 그리고 교통이 편리해질 수록 바다는 더 붐비고, 오염되고, 예전의 풍경을 만끽하기는 어려워진다. 바다에는 안식년이 없다!

그저 멍하니 바닷가에서 한 두시간쯤 지내다 혼자 훌훌 털고 일어나고 나면 심신이 해독되는 듯한 기분을 느끼게 된다. 모래알처럼 서걱거리는 생활 속에서도 그런대로 잘 지내게 된다. 의도적으로 갈등을 피하거나 어색하게 화해하느라 애쓰는 것이 과연 얼마나 효과가 있겠는가. 촘촘한 그물 속에서 부대끼며 생기기 마련인 찌꺼기를 무한한 햇살을 받으며 출렁이는 바다의 몸짓에 맡겨버리고 나로 인해 상처받는 사람이 없기를 바라는 마음 하나 들고 자리에서 일어난다. 그 과정이 비움이든 채움이든, 현실의 소음 속으로 홀가분한 마음으로 다시 걸어간다. 세상이 나아지지 않더라도 눈물겨운 삶의 유혹을 느끼며.

06

바다의 색

바다는 지역마다 색이 조금씩 다르다. 우리나라만 해도 동해가 다르고 서해가 다르고 남해가 다르며, 연안지역과 심해지역의 색도 각각 다르다. 특히 갯벌이 있는 서해는 탁한 색을 띈다. 그리고 시간대마다 바다의 색은 다르게 펼쳐진다. 회백색의 바다가 있는 가 하면, 보석처럼 귀한 에메랄드빛 바다가 있고 황금빛으로 출렁이는 바다가 있고, 칠흑같이 두려운 색을 지닌 바다도 있다.

표준 색상표가 있지만, 바다색은 그러한 코드에 한정되지 않고 더 많은 미묘한 색으로 다가온다. 다른 차원에서는 인간의 심정에 따라서도 여러 가지 바다의 색을 만나게 된다. 허니문여행을 떠날 휴양지의 바다는 더 파스텔 톤으로 느껴지고, 왠지 머나먼 외딴 섬이 있는 곳은 더 외로운 짙푸른 색으로 보이며, 자신이 잘 아는 고향 바다는 보다 더 정감어린 청록색으로 연상될 수도 있다.

눈물바다, 웃음바다와 같이 소란스럽게 물결치는 바다의 색은 또 어떠한가. 내가 아는 어떤 사람은 섬여행을 하다가 낮으막한 돌담에 앉아 바다를 바라보다가 그 근처에 허물어져가는 폐가를 사고 말았다. 그 집에서 살려면 땅값보다 수리비가 더 들 정도이지만, 그의 눈에 비친 바다색은 돈으로 살 수 없는 귀한 색으로 그를 한 번에 사로잡은 것이다.

에스키모인이 눈을 묘사하는 단어가 수십 가지라는 말도 있지만, 제주에서 가장 수심이 깊다고 하는 마라도와 가파도 사이의 바다색을 명명하려면 현재의 기준 색상으로는 부족하다. 스카이블루, 네이비 블루, 다크 블루, 마린 블루 등 익숙한 명칭 외에, 라벤더 블루, 뉴트랄 블루, 오리엔탈블루, 시크릿블루, 매직블루, 딥블루로도 성이 안 차면 아예 마라도바다색, 가파도바다색으로 명명하게될 지도 모른다.

「데미안」으로 잘 알려진 독일의 헤르만 헤세는 소설가이면서 동시에 시인이고 화가였다. 고향을 떠나 스위스 테신에 묻혀 살며 시와 그림을 엮은 수제 시집을 제작하기도 하고 3,000여점에 가까운 그림을 그렸다고 한다. 동화의 세계로 들어가는 듯한 감성어린 수채

문어2, 이정연, 2015

화를 보면서 햇빛의 변화에 따라 달라지는 풍광을 놓치지 않고 섬세하게 묘사하면서도 인간이 없는 자연풍경만을 그린 심정이 더 애틋하게 느껴진다. “젊은 시절에는 지혜를 얻기 위해 노력했지만 이제는 유치한 사람이 되려고 애쓰고 있다.”라는 글을 대하면 「가면무도회」라는 그의 작품이 같이 떠오르면서 그의 파란만장한 인생역정을 들여다보듯이 밝은 톤의 평화로운 색채, 그러면서도 절대고독의 세계를 보게 된다.

자기 마음대로 오색 물감을 칠하며 바다를 그리는 어린 아이의 그림을 들여다보면서 다시 한 번 바다의 색을 생각해보게 된다. 지금 당신에겐 바다가 어떤 색으로 그려지는가.

07

바다의 맛

무엇이든 처음에 어떻게 맛을 들였는가가가 중요하다. 공부나 운동, 술이나 담배에도 첫발을 딛는 계기가 있고, 끌리는 입맛이 생기고, 지속적으로 대하다 보면 개인의 의지와 상관없이 몸이 먼저 원하는 상태에 도달하게 된다. 얼떨결에 입에 대었을 때는 무슨 맛인지 모르다가 바삭한 맛, 달콤한 맛, 심지어는 불에 탄 고기의 맛에 익숙해지면 이제는 이성적인 판단력을 벗어나 우선적으로 선호하게 되고 다른 맛은 거부하는 일도 벌어진다.

자연에 대해서는 어떨까. 자연의 형태에 따라 대체로 보편적인 입맛을 소개한다면, 산은 정상을 오르는 맛이 있고, 계곡은 천천히 걸어들어가는 서늘한 맛이 있다. 호수는 그윽한 분위기를 자아내는 맛이 있고, 벌판은 무작정 달리는 맛이 있으며, 바다는 온 몸으로 뛰어드는 맛이 있다.

이제 바다의 맛으로 한 걸음 더 들어가보면, 여름바다는 한 번에 들이키는 열정의 맛이 있고, 겨울바다는 아득하게 멀어지는 맛이 있다. 같은 제주도 앞바다라고 해도 누구와 함께 가느냐에 따라 맛이 다르다. 아이들과 놀기에 좋은 청량하고 상쾌한 맛이 있는 바다가 있고, 소울메이트와 함께 가고픈, 조금 멋진 표현을 쓰자면 바디감이 살아있는 맛을 지닌 바다가 있다. 겨울바다는 절대고독의 상태에서 현실과 비현실의 경계가 무너지는 순간 맛의 정점을 찍는다.

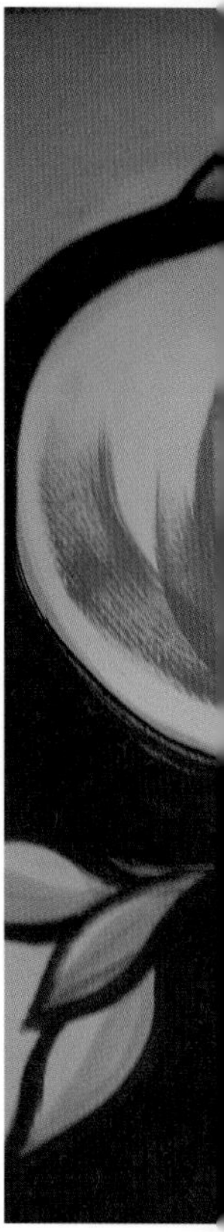

2015년도판 델마와 루이스가 꿈꾸는 바다가 눈 앞에 있다. 긴장된 하루 일과속에서 보이지 않는 전쟁을 치루며 퇴근 후 도망치듯 빠져나와 달려간 밤바다는 스페인의 뒷골목같이 축축하고 달콤하다. 바다의 야경을 보며 맨 입에 맥주 한 잔만 들이켜도 충분히 성찬이 된다. 활화산 같은 욕망의 맛을 제대로 느끼려면 모래사장에 뿌려진 달빛을 밟으며 입천장에 원샷을 해야한다. 야만이어도 광란이라 해도 상관없는 모든 게 용서되는 무법천지가 한 번 쯤은 있어야 하지 않을까? 자신이 진정으로 진화하는 건지 퇴화하는 건지 바닷가에서 한 번쯤 소리지르며 물어볼 필요가 있다.

물방울, 이정연, 2005

살다보면 최상급의 맛을 알게 된다. 바다엔 살아온 날들의 수많은 실수를 무효화하는 제로의 맛이 있다. 어떻게 살아왔든, 지금 뭐하고 살든 전혀 중요하지가 않다. 바다의 세계에 들어서면 약한 모습 보이지 않으려고 애쓰는 가면이 더 이상 자랑거리가 아니다. 내가 나이어도 좋고 아니어도 좋을 만큼 무장해제한 경지에 이르면 세상이 주는 상도 전혀 빛을 발하지 못한다. 눈 앞에 펼쳐진 광활한 바다를 온 몸으로 인식하고, 바다의 유혹을 제대로 맛보는 것. 그것이 제대로 된 바다 레시피가 아닐까.

08

바다형 인간

물은 비유법에 자주 떠오른다. 한창 인기가 좋으면 "물만난 고기처럼"이란 표현을 쓰고, 돈을 펑펑 쓸 때 "돈을 물쓰듯 한다"고 말한다. 사람들이 무시하면 "나를 물로 보냐"고 항의한다. 또한 골탕을 먹인다고 할 때 "물먹인다"라는 표현도 흔히 사용한다. 그만큼 일상생활에서 친근한 대상이고 흔한 만큼 물은 금이나 다이아몬드처럼 귀한 대접을 받지는 못한다.

그런데 인류의 역사를 보면 물로 인한 투쟁이 영토분쟁으로까지 이어진 적이 많다. 702쪽에 달하는 "물의 세계사"라는 책을 보면 물을 가진 자와 못 가진 자간의 정치적, 경제적 투쟁을 적나라하게 목격할 수 있다. 지리적으로 물의 불공평한 분배를 두고, 지금도 물부족국가에선 석유보다 귀한 물을 획득하기 위한 자구책이 계속 탐구되고 있다.

수도꼭지만 틀면 물이 나오는 우리로서는 물부족에 사활을 거는 다른 나라 이야기가 내 일처럼 와 닿지는 않는다. 개천이며 강, 호수, 그리고 바다가 가까운 영토에 살다보니, 물은 다른 것으로 대체가 불가한 필수품임에도 석유나 전기, 가스와 같은 연료에 비해 귀하게 아끼는 습관이 덜한 것같다.

한 방울의 물이 바다에 이르는 시간은 얼마나 될까. 한심한 공상을 하다보면, 바다가 마르지않고 항상성을 유지하는 것이 기적이 아닐 수 없다. 개천이 마르고, 강줄기가 변하는 일이 있으면 이웃간에도 분쟁이 나고 국가간에도 갈등의 불씨가 될 수 있는 데 바다마저 변동이 심하다면 어떻게 되겠는가.

문득 바다같은 사람이 주변에 있는 지 살피게 된다. 매일매일 크고 작은 일에 신경을 쓰고, 최선을 다하는 잔정이 많은 사람도 좋지만, 그저 묵묵부답으로 자기 자리를 지키며 거대한 축이 되어주는 사람이 한 명쯤은 있어야 되지 않을까. 바다같은 사람은 돌진형의 리더도, 창의적인 혁신가도 아니기에 겉으로 보기엔 별로 하는 일 없어 보일 수도 있다. 그러나, 수많은 작업이 그 안에서 일어나도록 정중동靜中動의 세계를 펼친다. 유유자적하면서도 대대손손 부패되지 않는 큰 웅덩이야말로 대형 선박을 띄우고 중도에 포기하지 않고 항해하도록 하는 존재인 것이다.

지천의 물뿐 아니라, 지하수까지 끌어들여 활용하고, 담수화 작업까지 해내는 지혜는 날로 발전하고 있지만, 정작 바다같은 심성을 가진 인재를 키우는 인간농사는 선진국도 앞서가지는 못 하는 것같다. 불기둥이 치솟는 대형 재난과 욱하는 분노로 치닫는 사건사고를 거의 매일 뉴스로 대하는 우리에겐 단언컨대, 바다형 인간이 필요하다. 체중의 70%가 물인 우리가 정작 자신의 체액과 성분이 비슷한 바다를 닮지 못하는 건 무엇때문일까.

09

바다는 만인의 연인

기다림은 아름답다. 먼저 다가가지 않고 적당한 거리에서 상대방을 기다리는 인내심은 아름답다. 자신의 열기로 발화하여 서서히 꽃을 피울 때까지, 그리고 꽃향기를 보내올 때까지 침묵으로 기도하는 시간은 아름답다. 허공에 띄운 마음이 어떻게 흘러가 닿을지 알 수 없으나, 결과는 나의 몫이 아니다. 기다림의 상태에서도 스스로의 자세를 가다듬으며 치유가 되는 경험만으로도 충만감을 느낀다.

하루종일 보고도 돌아서면 다시 그리울 바다. 애인도 이런 애인이 있을까 싶다. 늘 곁에 둘 수 없어 애틋하다. 찾아가서 그저 내 마음을 전하고 올 뿐 어떤 약속도 하지 않는 애인. 떠나도 붙잡지 않고 저절로 발걸음을 멈추게 하는 바다. 아마도 바다는 태생적으로 이별에 익숙해졌는지도 모른다. 한 계절 첨벙첨벙 바다에 뛰어 들어도, 바다가 갈라지도록 수십 척의 여객선이 몰려들어도 그 나머지 세월은 혼자 버려지는 일에 도가 트였는 지도 모른다.

오늘도 눈부신 태양아래 바다는 새롭게 솟은 비늘을 달고 청록의 물결로 다가온다. 무엇을 해야 할지 모르는 소년에게, 일찍 시든 청년에게, 어깨가 무거운 중년에게, 그리고 하던 일도 접어야 할 나이에 새 일을 벌이는 젊은 노인에게도 바다는 그저 푸른 옷소매로 시원하게 몸을 감싸준다. 빗질 잘한 머릿결처럼 찰랑찰랑 발끝에 와닿는다. 대도시로 나가 힘든 우여곡절을 겪고 돌아온 빈털터리의 힘없는 눈물을 받아주는 바다. 온갖 유혹을 떨치고 마음을 정리하여 새출발하도록 펼쳐지는 겨울바다－. 눈앞에서만 애교부리는 애인이 아니라 의젓하고 속 깊은 애인이다.

사람들마다 돈과 시간을 쓰는 방식이 다 다르지만 문화스케치 한다고 자처하며 전국을 다니다 보면, 꽃구경, 그림구경, 식도락에 돌아다니느라 여행가방이며 선글라스, 챙넓은 모자가 한 두개가 아니다. 언제나 제 자리에서 처연하게 푸른 멍이 든 채 물결짓는 바다와 멀어진 적이 많다. 그러면서도 나의 영원한 애인은 바다라고 말한다.

어떤 사람은 바다를 보고 신을 생각하고, 어떤 사람은 사업을 구상하고, 어떤 사람은 시를 지을 것이다. 나는 저 먼 곳에 바다라는 애인이 있다는 생각만으로도 행복하다. 언제든 달려가면 닿을 수 있다는 생각만으로도 든든하고 행복하다. 사랑을 줄 영원한 대상이 있는 것만으로도 아름답게 늙어갈 수 있다. 나 외에도 많은 사람들이 바다를 애인으로 삼고 있으리라. 그래도 문제될 건 없다. 누가 혼자서 독차지할 만큼 작은 애인이 아니니.

아무 것도 바라지 않고, 아무런 말도 더하지 않고, 상대방의 열림을 기다리는 법을 자연으로부터 배운다. 내 의지만으로는 아무 일도 되지 않는다는 것을 저녁 노을을 보며 깨닫는다. 바다의 여신은 오늘도 이렇게 말한다. “나는 당신의 변화를 기다리고 있다. 변화를 기다리는 게 나의 기쁨이며, 나에겐 기다릴 힘이 있다.” 라고.

10

바다앓이

드라마나 영화에 지나치게 심취한 사람을 폐인이라고 한다. 매니아라는 단어가 일반인보다 더 전문성을 갖춘 수준을 뜻하는 뉴앙스를 지닌다면, 폐인에게 붙이는 '－앓이'라는 용어는 훨씬 더 심정적으로 어떤 대상의 영향권안에서 헤어나지 못하는 증상을 의미한다고 보겠다. 그런 점에서 바다가 그리워 몸살나는 사람에게 바다앓이라는 말을 쓰는 것도 아주 틀린 표현은 아닌 것같다.

요즘 젊은이들은 도서관 대신 카페에서 책을 읽거나 컴퓨터 작업을 한다. 멀쩡한 자기 방을 놔두고 카페 한 구석에 앉아 공부한다고 하면 부모들은 이해하기 어렵겠지만, 사람이 드나들고 적당히 시끄러운 곳이 더 집중이 잘 된다고 하니 수긍하는 수 밖에 없다.

풍수지리까지는 아니더라도 웬지 끌리는 장소나 코너가 있게 마련이다. 같은 공원이라도 자신이 편하게 휴식하는 벤치가 정해진 사람도 있을 것이다. 집중이 잘 되는 곳, 심신이 편안한 곳, 잠이 잘 오는 곳 등등, 사람마다 자신의 몸과 마음이 끌리는 대로 어떤 공간을 선호하게 된다.

바다앓이는 바다라는 열린 공간에 대한 심한 애착상태를 지칭한다고 말할 수 있다. 바다냄새를 떠나서는 살 수 없고, 바다를 한 번이라도 안 보면 하루가 싱겁고, 오랫동안 바닷가를 가지 않으면 일이 손에 잡히지 않는 상태라면 바다앓이가 심하다고 할 수 있겠다. 바다라는 장소성이 주는 분위기가 나를 나답게 지켜주고, 세워주고 보듬어 안아준다고 할 때, 바다는 그저 자연환경이 아니라 주술적인 영향력까지 행사하는 것이다, 담배를 끊지 못하듯이, 연인을 며칠 만나지 못하면 불안하듯이, 탁 트인 바다를 만나지 않으면 우울해지는 사람이라면 이미 금단의 경지에 들어섰다고 진단내릴 수 있을 것이다.

외딴 바위에서 바다낚시를 하거나, 갓잡아 올려 새콤달콤하게 만든 물회를 먹어본 바다앓이들이 블로그에 열심히 바다 사진과 글을 올리면서 또 다른 폐인을 실어 나른다. 건강한 바다앓이도 있을 수 있다. 게으르던 사람이 바다에 가기 위해 부지런히 일을 미리 해치우고, 낭비하던 사람이 여행을 위해 적금을 들며, 블로그에 감상문을 올리는 작가가 되기도

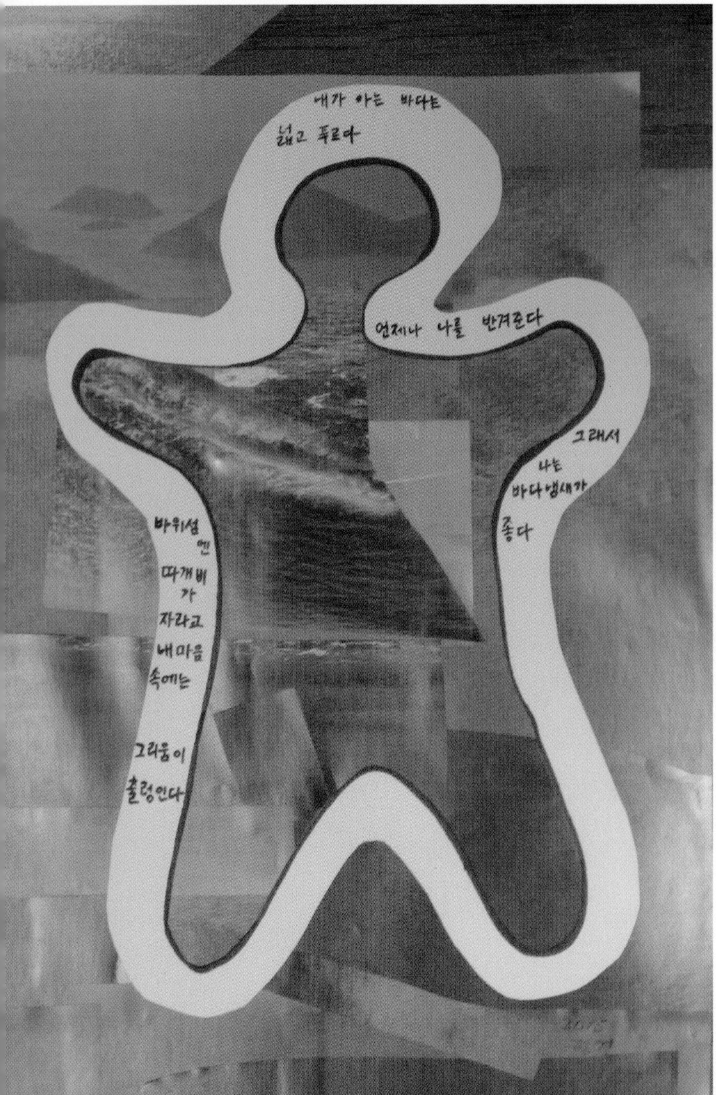

바다와 나, 이정연, 2015

한다.

바다에 미치는 바다앓이에게 바다는 그저 그 자리에 있을 뿐, 어떤 살가운 제스처도 하지 않는다. 오는 사람에게도 가는 사람에게도 어떤 약속도 하지 않는다. 바다는 그 누구의 것도 아닌 채로 많은 사람들로 하여금 행복한 갈증에 허덕이게 한다. 충전이 필요한 바다앓이들은 오늘도 바다냄새를 그리워하며 바닷가를 찾는 꿈을 그릴 것이다. 바다와의 강렬한 프리 허그를 위해!

11

출렁임

얼마 전 뉴스를 들으니 감정노동 순위 1위가 항공기 객실 승무원이라고 한다. 10위안에 든 직업을 살펴보니 주로 고객들에게 편의제공을 하거나 판촉 상담을 하는 서비스업들이 포함되어있다. 나의 감정보다 남의 감정을 먼저 살펴보고 적응해야 하는 사회생활에서 신체적인 노동보다 더 피곤한 것이 감정노동인 것이다. 그러나 생각해보면 사회적 관계망 속에서 살아가는 우리 대부분이 감정노동자이지 않을까.

반면에 타고난 천성이 만사태평하고 사소한 감정때문에 휘청거리는 걸 전혀 이해하지 못하는 사람도 있다. 불화가 있더라도 그다지 심각하게 여기지않고 두루두루 원만하게 잘 지낸다. 운동장 한 바퀴 돌고오면 훌훌 다 털어버린다. 그러니 묵은 감정이랄 것도 없다. 하지만, 평화의 해결사 역할을 하면서도 정작 감정의 바다로 깊이 들어간 적은 없어 감정노동의 고충을 인식하지 못 하는 경우도 있다.

그런데, 문지방을 넘어서듯 인식의 전환이 오는 계기가 있다. 외로운 줄도 모르고 살다가 이성을 만나 사랑하게 되면 자신이 그동안 무척 외롭게 살았음을 알게 되듯이, 일중독을 자랑처럼 알고 살다가 병원에 입원해 온 종일 누워있어 보면 자기 자신을 학대하며 살았음을 알게 되듯이, 똑 부러지게 정확하게 살다가 말없이 푸근하게 감싸주는 훈풍을 만나게 되면 자연이 베푸는 자비심을 알게 되듯이, 생의 길목에서 우리의 몸과 마음이 고체에서 액체로 변하는 순간이 있다. 헛똑똑이가 견고하게 지켜온 직사각형이 타원형으로 변형되면서 다른 세상, 다른 물결을 만나게 되는 것이다. 그 순간의 출렁임은 다른 지각변동에 못지

않게 생의 방향을 전환시키기도 한다. 자신을 지켜주던 합리적인 이성이 애매모호한 그러면서도 이성을 압도하는 감정의 파도를 하나씩 느끼기 시작하는 것이다. '이런 게 마음이 아픈 거구나, 이래서 상대방이 화를 내는구나, 내 의견이 아무리 옳다고 해도 남에게 상처주는 말을 해서는 안되겠구나.'하고.

얼마나 파도를 넘겨야 심해의 물고기처럼 부드럽게 유영할 수 있을까 생각해본다. 시간은 흘러가고 어제의 일을 바로잡기도 전에 또 다른 풍랑과 너울이 밀려와 앞으로 나아가야만 한다. 늘 한 발은 갯벌에 묻혀있어 나오지 못 하는 느낌이다. 아직도 덜 익었고, 나만의 향기도 지니지 못했다. 그러면서도 배짱이 생긴다. 더 갈 곳도, 더 이룰 곳도 없지만 치열하게 살고 있다고 혼잣말을 한다. 세상이 나에게 허락한 길은 많지 않으나, 나에겐 영혼의 먼지를 닦아내는 부지런함이 있다고 말한다. 웬만한 생활의 소음도 익숙해져 견딜만 하다고 말한다. 빈 손 하나로 출렁이는 파도를 넘긴다.

지금 생각해보니 출렁임이야말로 인생의 이치이며 때늦은 사춘기라도 우리가 방향을 잡아가는 데 필요한 자극제라고 생각된다. 파도타기를 두려워한다면 식물인간과 다를 바가 없다. 오랜 시간 바닷물에 담근 목재는 고가의 값을 받는다. 출렁임에 담금질이 된 오래된 어선은 뒤틀림이 없어 해체한 후 빈티지 가구로 재탄생한다. 과연 귀하게 잘 산다는 것은 어떤 것일까?

12

백사장

한 때는 외딴 섬이 그저 말이나 기르는 용도로밖에 인식하지 않았던 시절도 있었지만 지금은 인적 드문 비경을 지닌 섬들이 휴양 장소로 떠오르고 있다. 한 예로, 신안군 임자도에 위치한 대광해수욕장은 완만한 곡선을 그리며 우리나라에서 가장 긴 12km에 달하는 백사장이 펼쳐진 것으로 유명하다. 외국의 유명 관광지에서도 보기 힘든 말 그대로의 롱비치인 셈이다. 백사장으로 나오면 아이들은 마치 약속이나 한 듯이 모래성을 쌓는다. 모래놀이에 몰입한 아이들을 보면서 어느새 어른들도 과거로의 시간여행을 떠나 자신의 어린 시절로 돌아가곤 한다.

예전부터 한국 사람들은 뼈를 수식어로 쓰는 걸 좋아했나 보다. 눈치밥을 먹으며 잔뼈가 굵고, 뼈도 못 추리고 도망치며, 뼈아픈 후회를 하고, 뼈저리게 느끼고, 새로운 각오를 뼈에 새기며, 뼈를 깎는 노력을 하여 뼈마디가 부서지도록 뼈빠지게 일하고 등이 휘도록 일한다. 돼지기름도 없어서 못 먹던 시절이 지나고, 이젠 먹고 살만하고 그렇게 오기와 독기로 버텨내는 고난의 터널을 보낸 사람도 이제는 철따라 여행 다니고, 에베레스트를 가는 것도 아닌데 고가의 등산복을 입고 산에 오른다. 그래도, 바닷가에 오면 으레 바베큐로 저녁식사를 하면서 나누는 대화내용은 주로 어린 시절 가난했던 이야기다. 그네도 자전거도 없던 시절에 모래성을 만들고 허물기를 파도와 반복하며 해질 때까지 놀곤 하던 이야기. 어려선 가난이 뭔지도 모르고 다 그렇게 사는 거려니 하며 살았던 이야기.

장난감이라곤 없던 시절, 모래는 끝없는 놀이의 대상이 된다. 맨손과 맨발이 전혀 이상하게 여겨지지 않는 놀이터. 백사장은 해안가 아이들의 공설 운동장이다. 그런 아이들이 몸집도 커지고 키도 커지면 백사장을 뒤로 하고 더 넓고 더 높은 곳으로 달려간다. 열다섯 살이 넘으면 부모처럼 살지 않기 위해 고향 바다와 멀어지는 준비를 하고 하나 둘 민들레 홀씨처럼 날아간다. 도시라는 맨홀로 빠져 들어가고, 백사장의 모래성은 덩그마니 주인 잃은 타임캡슐처럼 방치된다. 해변가엔 파도만이 홀로 모래톱을 그린다.

세상은 돌고 도는지, 허허벌판의 백사장으로 힐링투어의 발소리가 들린다. 귀농귀촌의 훍바람도 불어온다. 이장님의 확성기에선 마을을 재정비하자는 공지사항이 들린다. 우리네 아이들은 밖으로 나가고 다른 사람들을 위해 파라솔을 설치하는 마을 주민들. 하나 둘씩 늘어나는 고급 펜션에 밀려나면서도 민박집도 안방까지 내주면서 바쁘게 돌아간다. 그러면서도 마음은 그저 공중에 매단 북어처럼 덤덤하다. 철수야 영희야 목청 터지게 부르면 동네애들까지 쪼르르 달려와 입에 밥풀 묻히며 겁나게 밥공기를 비우는 일이 이제는 꿈에도 현실에도 없기 때문일까. 뼈에 사무치도록 허기진 시간들이 손가락사이로 빠져나가는 모래알처럼 멀어져 간다.

13

해안의 꽃

'산에는 꽃피네 꽃이 피네 갈 봄 여름없이 꽃이 피네 산에 산에 피는 꽃은 저만치 혼자서 피어있네.'

김소월의 산유화라는 시의 한 구절이다. 감성이 풍부한 소녀시절에 이 시를 읽고서 꽃물이 뚝뚝 떨어지도록 마음에 와닿았던 기억이 지금도 생생하다. 꽃이라고 하면 화사하게 느껴지기 마련인데 이 시에서는 왜 저만치 혼자서 피어있다고 애처럽게 묘사했을까. 물론 그 시대의 정서가 그러했고, 소월이라는 시인의 내면세계가 그럴 수도 있겠지만, 시귀절을 가슴에 담고 있노라면 그 애잔함을 벗어나기가 어렵다.

바닷가에도 사계절 꽃이 핀다. 봄에는 유채꽃이, 겨울에는 동백꽃이 핀다. 한 두송이가 아니라 군락을 이루어 장관을 이룬다. 자연적으로 자생하는 튼튼한 생명력으로 마을어귀에서 제일 먼저 방문객을 반긴다. 배멀미를 하며 찾아간 섬의 바위산 언덕에 하늘거리는 노란 꽃은 그 자체가 바람개비처럼 눈길을 끌고, 순도 100%의 붉은 꽃은 시든 정열을 되살려준다.

섬마을 골목길을 걷다가 문득 만나는 꽃들은 반갑고, 사람인 떠난 폐가에서도 제철이면 어김없이 피는 꽃은 짠하다. 청아한 달개비꽃을 보면 내 마음도 순해진다. 지붕 낮은 바닷가 마을 오래된 돌담에서 만나는 제비꽃, 발끝에서 노란 우산처럼 피어나는 민들레꽃, 집으로 돌아오는 사람들을 맞이하는 이름없는 꽃들의 속삭임을 들으려면 세상의 욕심을 다 버려야 한다. 기지개를 펴는 어린애처

산호초1, 이정연, 2015

럼, 가르쳐주지 않아도 사랑을 아는 어린 소녀처럼 흰 꽃은 흰 꽃대로, 노란 꽃은 노란 꽃대로 계절의 주인공이 된다.

모든 일에는 절정의 순간이 있다. 꽃이 피기 전의 숨죽임과, 꽃대 올라올 때의 숨가쁨, 그리고 꽃망울 터질 때의 탄성과 꽃이 만발했을 때의 천상의 모습, 그리고 꽃이 질 때의 아쉬움을 고스란히 음미하려면 하던 일이 다 놓아야할 판이다.

요즘은 제품의 품질을 향상시키기 위해서 닭이나 돼지를 사육하는 축사에서 클래식 음악을 틀어주는 경우가 늘어나고 있다. 포도주에서부터 빵, 치즈, 고추장, 간장에 이르기까지 식품을 발효하고 숙성하는 데에도 클래식 음악을 틀어주어 맛을 좋게하는 이른바 음악숙성법이 보급되고 있다. 채소농가나 화훼농가에서도 하우스안에 음악을 들려주어 수확량도 늘이고 품질도 높혀 좋은 호응을 얻고 있다고 한다.

섬마을 꽃들은 그런 호강을 하지 않고도 어여쁘고 청순하다. 보는 이 없어도 잘 자라고, 물주고 가꾸는 이 없어도 잘 자라고, 무채색의 파도 소리에도 잘 자란다. 일하러 나가 동네가 텅 비고 사람의 인기척이 없는 대낮에도 바닷가 마을을 화사하게 덮는 꽃무리. 청보리와도 어울리고, 마늘밭과도 어울리며 어촌의 낮은 언덕에 손님 맞이하듯이 피어있다.

오늘도 바닷가 마을엔 소금기 머금은 꽃이 핀다. 우리네 인생도 피고 진다.

14

바다의 관상

같은 바다라 하더라도 장소에 따라 형태가 주는 이미지가 있다. 오랫동안 인간과 역사를 같이 하면서 바다에도 사연이 생기고 길흉이 교차하기도 한다. 그렇게 오래 반복되면 통계적으로 우리가 접하는 바다의 장소에 따라 이미지가 형성되게 된다.

흔히 자살하는 바위나 다리를 가보면, 반드시 다른 장소에 비해 죽고 싶을 만큼 아름답거나 인명을 앗아 갈만큼 거센 파도가 휘몰아치는 곳도 아니다. 그럼에도 어느 바닷가에는 대대로 자살바위로 악명이 높은 곳이 있으니, 바다가 사람에게 주는 기운이 분명히 존재한다고 봐야 할 것이다.

풍치 지구라고 하면 토지개발업자들뿐 아니라 나들이가는 일반인들도 다 선호하는 장소이다. 그러한 전망좋은 곳에도 낙석이 많다거나, 으스스한 바람이 분다거나 하면 기피하게 되듯이, 바닷가가 외관상 아름다워도 개발되지 않는 곳은 다 분명한 이유가 있다고 본다. 지자체에서 관광개발하려고 아무리 노력을 해도 사람들이 모여들지 않아 결국 방치된 바닷가에 가 보면, 사람으로 치면 이마가 너무 좁거나, 눈빛이 희미하거나, 코가 낮거나, 턱이 없는 듯한 인상을 주는 곳이 흔하다. 미관상의 문제가 아니라, 좋은 기운이 모이지 않는 곳이다. 인기도 없고 경제운도 따라주지 않으니 아쉬울 뿐이다.

인간의 관상에선 눈을 가장 중요시 여긴다고 한다. 바다의 관상에선 과연 무엇을 중요시 여길까? 인간의 기운과 바다의 기운이 어느 정도 조화를 이루는 가도 중요하다. 겁이 많은 나는 수심이 갑자기 깊어지는 바다는 역시 꺼리게 된다. 탁 트인 바닥도 좋지만 앞에 섬이 있어야 더 안전하게 느껴진다. 그리고 바람도 중요한데, 항시 바람이 세게 불어 다 날아갈 것같은 바닷가는 피하게 된다. 바위색깔도 너무 검거나 붉으면 불길하게 느껴진다. 주변에 동굴이 있거나, 갈수록 모래해변이 줄어드는 곳도 복이 나가는 듯한 인상을 준다.

지금까지 경험한 바로는 산봉우리 사이에서 바라본 호수같은 바다가 가장 아름답다. 속세의 허물을 씻어주는 듯 기운을 다시 차리게 되고, 몸에도 생명수가 흐르는 듯하다. 눈에 확 띄는 미인이 아니라 광명의 세계로 인도하는 보살같은 바다이다. 그래서인가. 그런 바다가 보이는 곳엔 어김없이 암자가 있다.

바다의 관상을 볼 줄 알게 되면, 자신에게 적합한 명당을 확보한 셈이다. 인간사에 시달려 찾아가면 청정심을 되찾게 도와주는 상을 지닌 바다는 어디에 있을까? 자신에게 가장 적합한 바다를 찾는 일은 역시 각자의 몫일 것이다. 그리고 관상보다 중요한 것이 심상이라고 하듯이, 심상이 좋은 바닷가를 찾아가 복을 지으면 더욱 마음이 평안해지고 일이 잘 풀릴 것이다.

15

바다 정원

산마루에 올라 신안군에 펼쳐진 다도해를 바라본다. 토끼섬, 반달같은 섬, 검고 푸른 섬, 어미 옆에 붙은 애기섬, 눈물 젖은 빵을 닮은 섬, 퉁퉁 부은 섬, 누렁소가 엎드려 있는 섬. 1004개의 섬이 옹기종기, 아기자기하게 모여 있다. 섬이 모여 있어 다른 바다보다 수온도 높고 바닷길도 잔잔해 보이는 걸까. 해넘이의 장관을 이루는 곳. 외롭지 말라고 누군가 밤하늘에 별을 뿌려놓고, 철새들이 떼지어 군무를 펼친다.

다도해가 있는 바다정원에서는 큰 섬과 작은 섬이 의좋게 서로를 바라보고, 시대의 흐름에 따라 돈섬과 버려진 섬으로 운명이 엇갈리기도 하며, 바위섬과 모래섬이 서로를 향해 손짓하며 물결을 보낸다.

섬의 지형이나 지질에 따라 살림살이가 달라지기도 한다. 해수와 담수가 합쳐지는 지역은 생선도 육질이 좋고 맛이 있다고 한다. 바닷가 근처에 습지가 있으면 금상첨화인데, 이러한 지형이 오염물질을 정화해주는 기능을 하기 때문에 '자연의 콩팥'으로 불리기도 한다. 습지는 야생동물의 서식처 역할을 하면서 더욱 다양한 생태계의 먹이사슬을 연결해준다. 그리고 주변에 입자 고운 갯벌이 있으면 어패류의 종류가 다양하고 사시사철 밥상도 더 화려해진다.

그에 더하여 숲이 있는 섬의 바닷가에는 고기가 많이 모여든다고 한다. 숲이 토양을 정화시키고, 맑은 물이

산호초2, 이정연, 2015

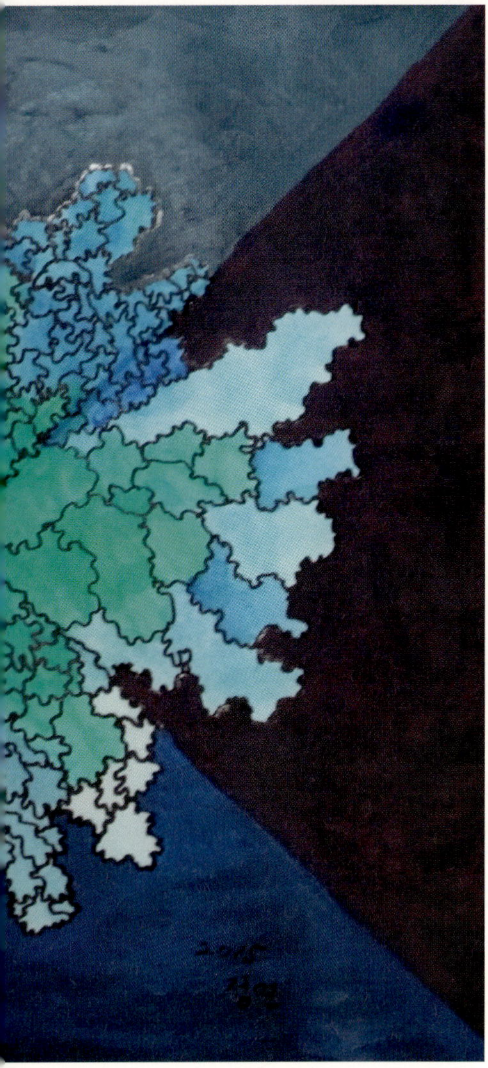

바다로 흘러가는 생태계의 원리에 의하면 바닷가에 숲이 울창하면 사람과 물고기에게 모두 살기 좋은 명당인 셈이다. 아름다운 곡선을 그은 해안선에 지속적으로 바다숲을 조성하는 일은 단지 환경보존의 차원만은 아니다. 단지 경관조성의 차원도 아니다. 바다숲을 거닐며 싱그러운 기운을 받고 탁한 숨을 내쉬는 일, 바다숲의 그늘아래서 대지로부터 올라오는 더운 기운을 가라앉히고, 성급한 울분을 가라앉히는 일, 바다숲 위를 지나는 구름을 보며, 아름답지만은 않은 과거로의 여행을 마치고 새로운 세상을 그리는 일은 생명의 품격이 달라지게 하는 과업이다. 또 다른 차원의 하늘길이 열리고, 바다길이 열리고, 가슴이 열리게 된다. 마을의 생존을 위해 선조들이 만든 바다숲이 이제 우리의 영혼까지도 지켜주고 있다.

다음 세대를 위해 나무를 심고, 바다정원을 정화하는 환경살림 운동을 뉴스를 통해 접하게 되면 지금까지 받기만 하던 혜택에 대한 보은활동의 일환으로 보여진다. 서로 의존해서 살아가려면 지렁이에게도 인사하고, 조개에게도 안부를 묻고 잠시 머무는 철새에게도 서식지를 마련해주어야 한다. 다도해의 바다정원에 효도하기! 더 이상의 적합한 말을 찾기 어렵다.

16

작은 등대

땅끝에 작은 등대가 서 있다. 흰 색을 두른 등대는 일출과 일몰의 장관을 보며 외로움을 자처하듯, 세상 근심에 벗어난 복을 누리듯 등대는 저만치 혼자 있다. 바다새도 덩달아 등대지기가 되어 흐린 바다색을 보며 오가는 배를 살펴준다.

등대가 있는 풍경은 바닷일을 하는 사람뿐 아니라 육지에 있는 사람에게도 마음의 안식을 가져다 준다. 언제 찾아가도 만날 수 있는 옛날 동네친구 같은 등대는 하루가 다르게 변하는 세상에서 베이스캠프같은 든든함을 준다. 멜로 드라마의 한 장면에 자주 등장하는 등대는 좁은 계단을 따라 올라가면 마치 무언가가 나를 맞이할 것같은 기대감을 주기도 한다.

도심에도 또 하나의 등대가 있다. 수협중앙회 건물에 들어서면 “바다너머 미래를 봅니다”라는 현수막이 걸려있다. 흔히 수산업 하면 천연 수산물을 어획하고 채취하는 어업을 떠올리지만, 양식업은 고도의 경영마인드를 요구하는 수중농업에 속한다. 경제력이 증진되면 사람들의 기호도가 육류에서 해산물로 이동한다고 한다. 이제 수산업은 제조, 가공, 유통에 이르기까지 미래 창조산업으로 나아가야 할 것이다. 그뿐 아니라 인간의 정서를 순화하는 다양한 예술문화 행사도 더 많이 개발되어야 한다. 외로운 등대가 아닌, 미래를 바라보고 지키는 선구자적인 등대가 수산업의 발전을 위해서도 필요하다.

항구에 등대가 있어야 하듯이, 아무리 세상이 혼탁해져도 불밝히는 마음의 심지가 있어야 한다. 인터넷의 바다에는 익명의 암초가 너무 많다. 정보의 홍수에 쓸려내려가지 않고 80% 세일에 현혹되지 않고, 고학력 장사의 부추김에 넘어가지 않고, 어떤 약이 무병장수에 좋다더라 하는 광고에도 넘어가지 않으려면 변함없는 큰 우물 같은 지혜를 담은 등대가 필요하다.

살다보면 인생극장의 등대에도 등불이 잠시 꺼지는 경우도 있다. 울타리가 되었던 부모

섬, 이정연, 2005

가 갑자기 돌아가시거나, 의지했던 배우자가 투병생활로 고통을 겪을 수도 있다. 보험을 몇 개 들어도 나를 완전히 지켜주기는 불가능하다. 완벽한 등대 자체가 허구일지도 모른다. 동행한다는 건 꺼진 등대에 불이 켜질 때까지 다른 한 편에서도 한없이 따스한 물결을 보내는 것이리라. 오늘도 등대는 바다를 지키고, 수평선위로 바다새들이 한가로이 난다.

17

겨울 여행

하염없이 흐르는 눈물. 정처없이 떠도는 신세.

신파조의 노래가사같이 들리지만 피서철이 지난 한적한 바닷가를 거닐면 대열에서 이탈하여 처진 짐승처럼 되곤 한다. 왁자지껄하던 젊음의 함성은 들리지 않고 오염된 모래벌판만이 푹 파여 있다. 밤하늘을 수놓던 폭죽의 현란함도 이글거리는 눈빛도 마주치기 어렵다.

30년 전 한 해를 정리하고 새출발한다는 각오로 혼자 떠난 겨울여행의 추억이 떠오른다. 교통이 지금 같지 않아 완행열차를 타고 동해안으로 가는 데 게다가 폭설까지 내려 거의 하루만에 바닷가에 도착한 다음, 소리 한 번 지르고 모래벌판에 굿바이 내 청춘! 낙서 한 번 하고 조금 쉬다가 민박집을 찾아 갔다. 주인 내외는 방을 하나 내주면서 여대생이 혼자 무슨 일로 바닷가에 왔나, 필경 무슨 사연인 있는 게 아닌가 하고, 괜스레 의심의 눈초리로 바라보더니 급기야 자정 넘어서는 거의 두 시간에 한 번씩 물도 갖다주고, 먹을 것도 주면서 말을 시키는 게 아닌가. 혹시나 자살이라도 하는가 싶어 걱정이 되셨나보다. 그러나 그 당시에는 그 심정을 이해하지 못 하고 잠만 설친 채 서울로 돌아왔다. 혼자 일기장이라도 태우고 오려던 나의 의례는 그저 무덤덤하게 끝나고 말았다.

그 후에도 철지난 겨울 바다는 여느 때와는 다르게 비장함마저 들게 한다. 무언가를 정리한다는 것. 이제 어리광은 통하지 않고 내 인생은 내가 책임져야 한다는 것. 그래서 그 전과는 달라져야 한다고 스스로를 압박했기 때문일까. 한 해의 끝에 만나는 바다는 오히려 안개에 싸인 미로처럼 보였고, 누군가 나를 일으켜주었으면, 나를 잡아주었으면 하는 마음속 풍랑을 누르기엔 역부족인 채 부대끼는 나 자신을 스스로 추스려야 했다.

그리고 세월이 흘러 어느 덧 나이를 먹고 예전의 다짐도 망각하고 세상의 격류 속으로 간신히 헤엄치며 살아온 것 같다. 잠을 뒤척이다 새벽 두 세시경 문득 잠에서 깨니 어제 그대로 불이 켜져 있다. 어지른 신문지며 양말, 어수선한 수첩까지 숨만 겨우 붙은 채로 너덜거린다. 넘치게 읽어서 어디에 쓰려고 그렇게 살았던가. 이 나이에 종종걸음으로 온 세상 불편

고동, 이정연, 2008

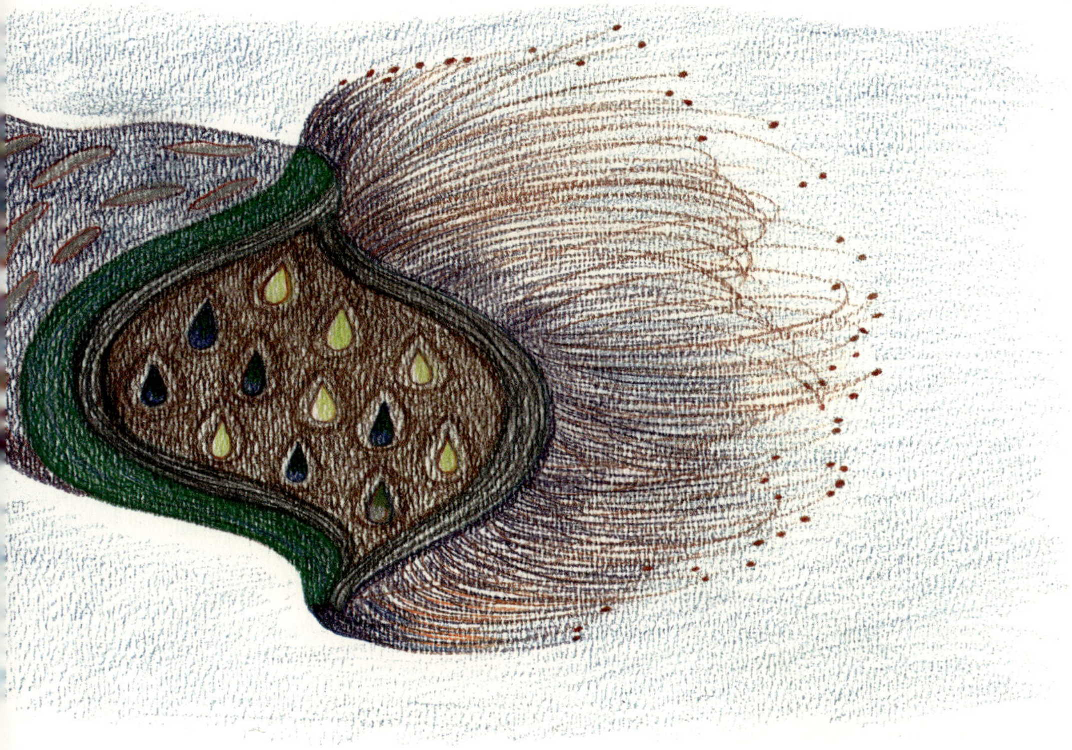

하게 회색의 문을 두들겼던가. 버리지 못한 엽서들도 시간의 창고에서 겹겹이 얼룩지고, 그저 빠듯하게 칸을 메우며 칸에 갇히는 느낌이다. 나 자신이 겨울바다가 된 기분이다.

그러나 한 해를 마감할 때면 한 번씩 자신의 자리를 돌아보는 것은 나쁘지 않다. 애써 잊어 버리거나 정리하는 게 아니라, 그저 정지화면이 되어 의식만 깨어있는 상태가 되어보는 것이다. 겨울은 그러한 계절이며, 겨울바다는 그렇게 인생의 봄을 기다리는 공간이다. 굳이 달려가지 않아도 깊고 푸른 바다를 그리며 다시 잠이 든다. 내 안의 난파된 무정부주의자도 같이 잠이 든다.

18

바닷가 유배지

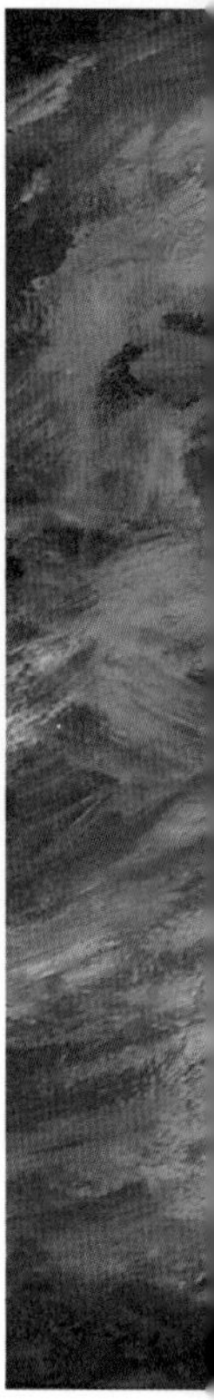

꿈꾸게 하는 바다가 있는 가하면 꿈을 접어야하는 바다가 있다. 길이 끊겨서가 아니라, 지척에 두고도 인연을 끊어야 하는 섬들이 있다. 해신 장보고가 바라보는 바다가 있고, 추사 김정희가 바라보는 바다가 있고, 이름모를 향촌 기생이 언덕에서 내려다보는 밤바다가 있다. 미래의 청사진을 실현해가는 바다는 나날이 확장되는 하나의 제국이지만, 자신이 살던 터전에서 쫓겨나 섬으로 들어가 생을 마감한 사람들이 마주하는 바다는 사막보다 더 막막하였으리라.

궂은 날씨와 풍랑이 심해 선박들도 포구에 묶여있는 어촌 마을에 예전에 유배지였던 흔적을 많이 찾아볼 수 있다. 바다를 바라보는 형벌을 겪는 유배지. 지금까지 누려온 신분과 문화와는 전혀 다른 낯선 곳에서 잠시가 아닌 언제 풀릴지 모르는 사면을 기다리며 어쩔 수 없이 섬마을 풍토안에 갇혀야했던 허탈감, 사무친 그리움, 참담함, 원망과 분노도 바다를 보며 삭혀야 했고, 실낱같은 희망이 내리는 저주도 달게 삼켜야 했을 것이다.

인생의 전성기를 검은 퇴적암처럼 살아가야 한다면? 삶의 목표를 접고 표류하듯 살아가는 날들이 길어진다면? 나답게 살아야하는 이유를 말할 권리가 박탈된다면? 상상만해도 온 몸에 밧줄이 감긴 듯 구속의 고통을 감내하기 어렵다. 동반해 줄 그 누구도 없이 척박한 삶을 다시 추스려 바닥에서부터 다시 시작하는 일을 해내야 하는 인생수업. 그럼에도 유배문화는 무거운 침묵 속에 싹이 트고, 절망 속에서 불을 켜고, 꽃을 피워간다.

섬에 살면서도 섬사람이 아닌 그림자. 그들을 품에 안은 섬이 있고 배척한 섬도 있으리라. 평생을 살아도 겉도는 철새처럼 살다 지나간 자리에 유배문화의 역사가 남아있다. 살아서 백년 죽어서 천년. 인간의 목숨을 다하고도 그 자리에 여전히 기운이 서려있다. 후세 사람들이 그들의 기록을 읽고, 그들의 거처에 들어가보고, 그들이 거닌 길을 밟으면서 그들의 한숨과 야망과 의지를 체험해본다. 자신을 지켜나가는 자세를 그대로 보여주는 유배지에서의 하루는 또 다른 눈을 뜨게 한다.

생각을 바꾸어 자신을 한 번쯤 유배지에 내던져보는 건 어떨까? 하는 생각도 든다. 편한

파도, 이정연, 2005

자동 시스템에 익숙해져 전기가 나가면 손발이 묶인 듯 아무 것도 못 하고, 시계가 없으면 지금이 몇 시쯤인지 파악을 못하고, 스마트폰이 없으면 금단현상까지 오는 나약한 상태를 벗어나 정말 맨 몸으로 생태학적인 감수성을 재발견하는 연습을 해보는 것도 먼 길을 가는 데 도움이 될 것이다. 살아가는 것과 살아남는 것은 차원이 다르다. 파도소리와 바위섬, 뜨거운 태양을 마주하며 고독한 생태수업을 하는 것이 유행처럼 번지는 웰빙보다 더 진정한 의미의 홀로서기 입문 과정이 될 지도 모른다.

19

바위의 기氣

갓바위, 병풍바위, 소라바위, 장군바위, 오형제바위, 숫돌바위, 구렁이바위, 벼락바위. 기암절벽에 누가 이름을 붙여주었을까. 파도가 바위에 부딪치는 소리가 마치 거문고의 현이 울리는 소리 같다고 하는 영금정靈琴亭처럼, 바위 하나마다 사연이나 전설이 있을 법한데, 가이드가 설명해도 그때뿐 잊어버리고 만다.

인천 앞바다에 주민 280여명이 사는 작은 섬 대이작도에는 나이가 25억살 된 국내 최고령 혼성암이 있다고 하니 듣기만 해도 대단한 기운이 느껴진다. 그러한 긴 세월을 바위는 발밑의 시퍼런 파도를 견디며 자기만의 자세를 지켜낸다. 이따금 바닷새의 휴식처가 되고, 낚시꾼의 놀이터가 되기도 하지만 깎아지른 듯한 바위, 끝없는 해류에 침식된 바위, 서로 애틋하게 바라보는 바위들은 모두 바다로부터 섬사람들을 지키는 갑옷인 셈이다.

사람이 마지막으로 정을 주는 대상이 돌이라고 한다. 늘 변하고 떠나고 시들고 하는 일에 지치다보면 변하지 않고 제 자리에 묵묵히 있는 물체에서 위안을 받게 되는 것같다. 그래서 인가. 어려서 수학여행가서 보던 바위와 오십 너머 바라보는 바위는 다르다. 오백 년 천 년을 견디는 침묵의 맛. 검고 투박하며 무심한 맛. 현무암처럼 세상의 속때를 다 투과하여 내보내고, 태종대나 이기대처럼 경건하고 웅장한 자태로 바닷가의 진경산수를 펼치는 그들 앞에 서면 끊임없이 쏟아지는 잡념이 부끄럽고 실핏줄같이 미세하게 엉켜사는 삶이 누추해 보인다.

바닷가 바위는 물러섬이 없다. 해안가 바위는 이끼나 해초의 간지러움을 견디며 절해고도의 절벽 아래 강인한 풍란을 키워낸다. 접근이 금지된 높은 기암괴석에서는 새들의 낙원이 펼쳐진다. 멀리 낙조를 바라보며 바위는 의연한 자태로 무채색의 기를 뿜어낸다.

바닷새가 외딴 바위섬에 둥지를 틀고 알을 부화한다. 껍질을 뚫고 나와 바위 틈에서 처음 보는 바다는 어떠할까. 어미새는 새끼들에게 하늘을 나는 법을 배우기 전에 바다를 보는 법을 먼저 가르칠지 모른다. 아마도 바다빛을 보고, 멀리 물결을 보고 그에 맞추어 날개를 움직여야 한다고 당부할 것이다. 바위에서 날아보고 다시 돌아오는 일을 반복할 것이다. 고도의 바위는 그들에게 무릎학교요, 활주로없는 헬기장인 셈이다.

성인이 되어도 마음이 허할 때에는 멍석바위를 찾아가 무릎담요를 두르고 앉아 있고 싶어진다. 새소리에 몸을 맡기고 내리쬐는 햇볕에 눈 먼 장님처럼 고요한 적막의 세계로 들어가본다. 세상의 눈물이 다 모여서 흘러들어가도, 바다는 스스로 정화하여 맑은 물방울을 하늘로 올려 보낸다. 그리고 하늘아래 누군가의 몸을 빌려 태어나 영혼의 불을 밝히는 생명체들이 있다. 태어나고 죽는, 그리고 다시 몸을 바꾸어 태어나는 생명의 세계. 바다는 자장가를 들려주며 영혼을 위로한다. 축축한 그림자들이 너른 바위에 세상의 번민을 널어놓고 으슬으슬한 습기를 말린다. 다시 일어나 세상 속으로 돌아오는 발걸음을 멀리서 촛대바위가 지켜보고 있다.

20

이쁜 섬

무안군과 신안군엔 굽이굽이 해안선따라 절경이 펼쳐지는 곳이 많다. 낮으막하면서도 편안한 경사길에 사람들이 성가시게 찾아오지도 않아 천천히 드라이브하기에 적합한 길이 펼쳐져 있다. 그 중에서도 바다 한 가운데 예쁜 배꼽처럼 사람의 시선을 끄는 섬 하나가 있다. 아득하게 멀지도 않고 아무나 들어갈 정도로 가깝지도 않은 적당한 거리에 소나무도 촘촘하게 심어져 있어 바라보는 사람에게도 시원함을 준다. 무인도여서 오가는 사람들이 물끄러미 바라보고 가슴에 담기에 좋은 섬이다.

섬주인이 팔려고 내놓은 지도 오래되었는데, 아직도 거래가 이루어졌다는 말은 들리지 않고 원래 모습 그대로 보존되어 마치 제 것인 양 아끼는 사람들이 많다. 손바닥만한 모래해변도 남아있어 더욱 아늑한 정취가 있는 데, 행여 세찬 파도에 침식되거나 파손될 까봐 염려하는 사람도 있고, 풍욕이라도 하고픈 욕망을 공공연히 말하는 사람도 있다. 어떤 부자가 사들여 변형되면 어쩌나 걱정하는 사람도 있다.

사람의 이목을 끄는 이쁜 섬에 자유로이 출입하는 건 오로지 새들 뿐이다. 이쁜 섬은 인간이든, 나룻배든 그 무엇도 오지 않기를 바라는 새들의 천국이다. 흰 새들의 군무를 사진으로 찍거나, 바라보는 것만으로 아쉬움을 달래보긴 하지만, 나 역시 누구든 그 이쁜 섬을 차지하지 않기를 은근히 바라게 된다. 시간이 지나면 바다도 변하기 마련이고 섬도 변하겠지만, 아직은 그 섬에 살고 싶은 행복한 상상을 펼치며 비밀창고처럼 점찍어둔다. 갈 수 없어서 애타고, 가질 수 없어서 더욱 귀해지는 이쁜 섬이 나의 욕심의 한계를 시험하는 동안에도 밀물과 썰물은 이쁜 섬을 드나들며 심심하지 않게 챙겨준다.

밤하늘에 초생달이 뜨고 은은한 달빛이 내려올 때면 이쁜 섬은 더욱 신비감을 발하게 된다. 손바닥에 담아오고 싶은 오목한 섬, 높은 언덕에서 바라볼수록 복숭아같은 섬, 그 정도의 보물이어서 좋은 것같다. 매력이 너무 많으면 관광자원이라는 이름으로 약탈이 이루어지고, 언론에 너무 유명해지면 각종 예능 프로그램이 들이닥쳐 훼손되기 쉽다. 지금은 지네나, 풍뎅이, 실뱀들이 주인처럼 돌아다닌다 해도 가슴에 품기에 좋은 빈 섬이다. 지자체도 관심을 가지지 않기를 바란다. 행여 영화감독이나 광고쟁이도 드나들지 않기를 바란다. 이쁜 섬앞에선 나도 모르게 극단적인 자연보존론자가 된다. 맹목적으로 자연이 만든 예술예찬론자가 된다. 이쁜 섬에게 내가 해 줄 수 있는 게 무얼까 생각해본다. 역시 무관심이 가장 좋을 듯하다.

2장

어울려 살다

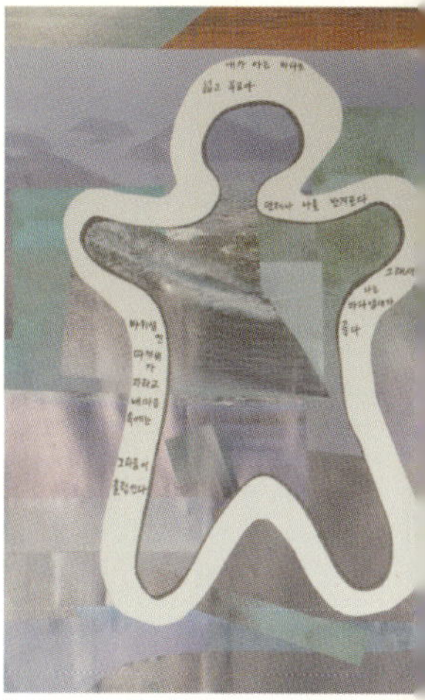

01

물놀이

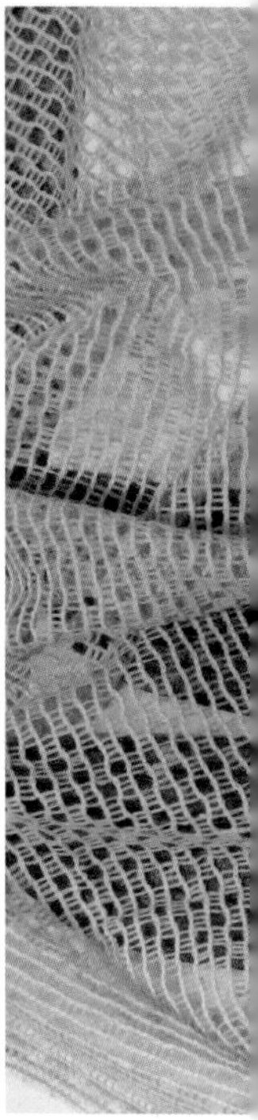

예로부터 물놀이는 즐거운 유희이다. 어린 시절엔 물가에 나가 놀다보면 집에 갈 생각도 잊어버릴 정도였다. 어른들도 뱃놀이를 즐긴다. 출렁이는 물결위에 몸을 맡기고 술이나 차를 마시며 노는 풍류를 선비들은 최고의 놀이로 생각했다고 한다. 지금은 워터랜드가 그 기능을 대신하고 있지만, 맛과 멋은 비교조차 할 수 없다.

봄기운이 완연하고 버드나무 가지에 물이 오를 즈음에는 마음도 덩달아 그네처럼 허공에 띄우고 싶어진다. 먼 바다까지 나가지 못해도 풍성한 꽃그늘 드리워진 수변공간에서 친구들과 담소를 나눈다는 것, 그것이야말로 귀족의 여유라 할 수 있다. 바빠서 돈쓸 시간도 없다는 하소연을 자랑처럼 하는 사람도 있지만, 자신에게 주어진 하루하루를 기계처럼 살기만 한다면 가난한 삶에 지나지 않는다.

행락철이면 사람들이 몰려들어 산사의 정적을 깨고 수도승들을 심란하게 하듯이, 방송에 한번 알려지게 되면 찾아오는 방문객으로 인해 자연주의 생체리듬이 깨지는 어촌 마을이 늘어나고 있다. 자신을 혹독하게 몰아가던 사람들은 지칠대로 지친 후 재충전을 위해 바닷가 마을을 찾아간다. 숨막히게 살아가지 않는다면 굳이 슬로시티에 와서 쉬고 갈 필요가 있을까. 그런 자기관리방식은 병주고 약주는 다람쥐 체바퀴일 뿐이며, 그마저도 과시적으로 행해지는 여가행태로 번져나가니 한적한 해변도 몸살을 앓게 된다.

외국에서 무인도 관광을 한 적이 있다. 최소한의 시설만 갖춘 무인도엔 들꽃과 풀들이 무성하고 해변가엔 오래된 통나무 그루터기만이 놓여 있다. 그러한 한적한 장소에서 한 나절을 보내니 감각이 생생하게 살아나는 체험을 하게 된다. 새소리가 귀 안으로 깊숙이 들어오는 느낌, 생사의 구분이 없는 세계를 보는 느낌, 무리지어 나는 물새들의 언어를 알아들을 것같은 느낌들이 마치 마취에서 깨어난 사람처럼 천천히 의식이 되돌아오면서 내 안으로 퍼져나간다. 그동안 너무 많은 새로운 자극에 노출되어 오히려 무뎌졌던 감각들이 열리는 체험.

여름바다, 이정연, 2014

똑딱선 한 척을 띄워 가까운 무인도에서 한가로이 일광욕을 하거나 가벼운 사색을 하는 물놀이 여행은 젊은 날 열심히 돈을 벌어야 할 충분한 이유가 될 수 있다. 언젠가 한 번쯤은 자기 자신의 모습으로 돌아갈 필요가 있다. 아니 내 안의 또 다른 이중인격이어도 좋다. 극히 이기적인 이탈 행동이어도 좋다. 한 번쯤은 자기 마음대로 길을 만들어 걸어볼 필요가 있다. 시도하기도 전에 체념하는 나이가 곧 오게 되리라. 그럴 듯한 이름을 붙여 관광여행 상품이 쏟아져 나와 순수한 미완성의 낙원이 닳아지기 전에, 원시성을 만끽하려는 무모한 여행 계획이 하나 쯤 버킷 리스트에 있는 것도 즐겁지 않을까.

02

굿놀이

크리넥스 한 장을 허공에 띄워본다. 가벼운 몸짓으로 허공을 돌다가 바람에 실려 떨어진다. 물을 허공에 뿌려본다. 햇빛에 반사된 투명한 크리스탈이 부서지듯 쏟아져 내린다. 분홍색 장미꽃잎을 한 웅큼 뿌려 바다에 띄운다. 찰랑거리는 파도의 흐름에 따라 먼 바다로 밀려간다. 한적한 바닷가에서 이러한 놀이를 하면 무거운 몸이 가벼워지고 마음도 차분해진다.

파도가 밀려와 모래벌판을 씻어내리듯이 내가 나의 밑바닥을 들여다보고 썩지도 않은 채 끈적거리는 응어리를 어루만지고 풀어내는 작업을 혼자놀이처럼 해본다. 내 안에서 열 살의 나, 스무 살의 나, 서른 살의 나를 만나며 그 나이엔 어쩔 수 없이 해결하지 못한 아픔들을 어루만진다. 생각하지 않으려 해도 되돌아가는 장면도 있고, 듣고 싶은 말도 있고, 모르고 지나쳐서 못내 미안한 풍경도 고스란히 남아있다. 밖으로 튀어나오지도 못하고 애잔하게 걸려있는 눈물젖은 그림들을 피하려고 노력했던 시간들.

한국 사람은 한이 많다고 한다. 한이란 무엇인가? 자신이 원하는 것을 이루지 못해 오랜 세월 가슴에 응어리가 진 것을 말한다. 오래된 숙원을 다 해결하였을 때 원도 한도 없다고 말한다. 못 다한 한은 흥겨운 놀이로 전환하기도 한다. 해학과 풍자의 마당놀이로 풀어내기도 하고, 푸닥거리를 치루고 심리적으로 보상받기도 하며, 다음 세대가 잘 되기를 기원하며 승화하기도 한다.

허수아비를 만들어 바가지에 실어 바다에 띄워 보내는 갯제를 치루는 해안가 사람들처럼 종이배 하나 만들어 저물녘 바다에 띄우며 내일의 안녕을 빌어본다. 특별한 무엇이 이루어지기를 바라는 게 아니라 내가 내 인생의 주인이 되어 이성이나 감정, 혹은 거창한 목표에 끌려다니지 않기를 빌어본다. 자신의 뜻이 이루어지지 않더라도 살아가는 동안 주변의 생명들을 돌보고, 목마른 영혼을 적시고, 하늘과의 교감을 이룬다면 그 또한 아름답지 아니한가.

햇빛이 있으면 그림자도 있는 법. 굳이 괜찮은 척하지 말고, 쿨한 척하지 말고, 다 지나간 일인 양 하지 말아야 한다. 생채기를 생채기로 보고 아프면 아프다 하고 힘들면 힘들다고

해변가산책, 이정연, 2008

말하는 법부터 배워야 한다. 외부로부터 억눌림도 있겠지만 더 잘하는 건줄 알고 스스로 억누르는 일이 얼마나 허다하게 많은가.

용왕님이든 조상신이든 모셔다 푸닥거리하는 것도 사실은 스스로를 풀어내기 위한 대리인이 필요해서일 것이다. 바다는 냉엄한 스승처럼 다가오면서도 음악도 없이 친구도 없이 한 번씩 풀어내는 굿놀이판을 선선히 열어준다. 경주시 양북면 봉길리 앞바다에 있는 문무대왕릉은 지금도 고통받는 자손들의 영혼을 달래주고 있다. 마음이 심란할 때는 피리는 없어도 대왕암에서 잠든 용을 불러내어 몸과 마음을 정화하는 효험을 누릴 필요가 있다. 우리에게는 동해가 있다.

03

남도의 노랫가락

진도에는 진도 아리랑이 있다. 아리아리랑 서리서리랑 아라리가 났네 아리랑 응응응 아라리가 났네. 청산도에선 서편제의 주인공이 되어 걷는다. 청천 하늘엔 잔 별도 많고 우리네 가슴에는 눈물도 많다. 어깨춤이 절로 나는 가락이지만 찬찬히 들어보면 애절함이 느껴진다. 소금에 절여진 인생을 바닷길 돌아다니며 풀어나 볼까. 안으로 삭히면 홧병이 나고 밖으로 뱉어도 시원할 일 없는 한풀이가 남도 자락에 배어든다.

얼마 전까지만 해도 목포역에 내리면 으레 '목포의 눈물'이 애국가처럼 울려 퍼졌다. 여기가 목포라는 걸 가장 먼저 알리는 통과의례처럼 이난영의 애절한 노래를 듣게 된다. 그 노래는 남도의 끝에서 태어나고 자란 사람들의 애간장을 굽이굽이 돌며 삼거리 오거리 평화시장까지 따라 들어온다. 바다를 보고 자란 사람들을 묶어주는 노랫말. 지워진 지문이 되살아나듯이 가려진 본적이 드러나듯이 자신의 핏속에 흐르는 노랫말을 흥얼거리며 살아간다.

혼자 시름을 달래든 여럿이서 노동의 고단함을 잊기 위해 부르든, 걸진 목소리로 구성지게 부르는 노랫가락은 육지로 나와 타향살이하는 사람에겐 눈시울을 적시게 하기도 한다. 번화한 도시에 적응하고 사투리도 애써 감추고 살다가 문득 가슴이 허할 때 스멀스멀 자신도 모르게 새어나오는 아리랑 타령. "조상대대로 물려받은 건 가난밖에는 없는 소굴을 도망치듯 빠져나오구선 뭣땜에 그립다고 청승을 떠는 건지 –." 성공하기 전에는 고향땅을 밟지 않겠다고 이를 악물고 일하는 식당 아줌마는 올해도 고향가기 틀렸다고 말한다. 김이며 전복이며 양식업을 해서 돈푼께나 번 사람도 있지만, 이제는 어촌에도 빈부격차가 생겨 동네 인심도 예전 같지 않은데다가, 한 집 건너 다 아는 사이에 소문이 금새 퍼져 교통이 좋아져도 고향을 빈 손으로 갈 수는 없는 법이라.

관광지로 변해버린 고향 바다. 휘황찬란한 야경으로 쉬지 못하는 밤바다. 어릴 적 몸담그고 놀던 추억을 걷어가버린 해변가. 다 그렇게 변해가도 가슴에는 한 점 아련한 그리움이 있다. 언제부터인가 참이란 접두사가 붙은 참기름, 참가자미, 참전복, 참꼬막 등이 하나의

폭풍, 이정연, 2005

명칭처럼 고정되었다. 얼마나 가짜가 많으면 다시 한번 참이라는 단어를 붙여 강조하게 되었을까. 그래도 남진이 부른 〈가슴아프게〉는 세월이 지나도 여전히 변함없이 한국 사람들의 가슴언저리에서 참사랑을 받고 있다.

당신과 나 사이에 저 바다가 없었다면
쓰라린 이별만은 없었을 것을

해 저문 부두에서 떠나가는 연락선을
가슴 아프게 가슴 아프게 바라보지 않았으리
갈매기도 내 마음 같이 목메어 운다

04

부자섬 만들기

자기가 살아온 터전을 망치고 싶은 사람이 있을까? 그럴 리는 없지만 오랫만의 휴가를 보내기 위해 찾아 온 사람들이 어설픈 도시풍의 어촌을 보며 씁슬해지는 일이 허다하다. 기차타고 배타고 멀리 섬까지 찾아갔더니 pvc 밀짚으로 초가 지붕을 올린 원두막을 보게 되거나, 그렇고 그런 벽화로 담장을 도배하거나, 중국산 재료를 쓴 음식점을 가게 되면 바다를 볼모로 장사한다는 느낌에서 더 나아가 배신감까지 들게 된다.

또한 외지인의 거대 자본이 들어와 개발하고 나면 정작 섬주민들은 품팔이를 하게 되는 종속적인 위치에 머물기가 쉽다. 그렇다고 해서 열악한 생활환경에서 내내 가난을 벗삼아 살만큼 유유자적하기도 어려운 실정이다. 섬마을 주민들이 장기적인 안목에서 외부 자본과 공생할 방법을 찾아 나서기 전에 우선 실패한 사례들을 참고하는 것이 좋을 듯하다.

남발하는 선거공약에 취하여 장밋빛 인생을 꿈꾸거나, 오늘 살기 위해 내일을 팔아넘기는 일만하지 않아도 자연친화적인 삶을 영위할 수 있을 것이다. 흔히 일을 그르치면 외부 탓을 하는 폐쇄적인 빗장을 여는 일도 중요하다. 무섭게 다가서는 호객 행위에 아련하게 그리던 섬마을 풍경은 배에서 내리자마자 여지없이 깨지고 만다. 섬마을 사람들에게도 찾아간 사람들에게도 피해를 주는 휴가철의 이런 모습들. 난개발로 생태계가 망가지고 동네 분위기가 한 번 흐트러지면 다시 바로잡는 데에는 막대한 비용을 지불해야 한다. 아니, 원상복구가 불가능할지 모른다.

돈쓰기 위해 멀리 바닷가 마을을 찾는 사람은 없을 것이다. 미래를 설계하기 위해, 마음의 병을 고치기 위해, 또는 자녀에게 생태체험을 하기 위해 뱃길 불편한 오지 마을도 시간 내어 찾아가는 것이다. 어떤 테마관광이든 관광의 끝은 사람이다. 한 번 온 사람을 또 오게 만드는 것은 사람의 눈길이요, 손길이다. 지역마다 사람의 정과 인심을 특유한 사투리에 얹어서 체험하는 시골길, 사람이 그리운 시골개가 꼬리치며 맞이하는 여객선 터미널 풍경, 대대로 부지런히 살아가는 장수촌 어르신들, 대문이 없어도 서로 지켜주는 이웃들, 지워져 가는 그런 모습의 휴머니즘을 보러 다시 가게 되는 것이다.

해변의 도시, 이정연, 2005

불거리, 먹거리 중심으로 찾아가는 관광의 열기가 식으면 그 다음은 체류형 관광을 준비하는 것도 필요하다. 맑은 물과 공기를 마시기 위해 제주도를 찾는 중국인들도 늘어나고 있다. 골프나 승마가 아닌, 그저 오염되지않은 곳에 머물고 싶은 욕구를 채워줄 다도해가 우리에게 있다. 굳이 자연유산이나 슬로시티로 지정할 필요도 없이 사계절 청정 지역인 포구가 우리에게 있다. 나라마다 생태관광 분야에서도 보이지 않는 경쟁을 시작하고 있다. 자연주의 소프트웨어를 더 개발한다면, 나무와 바위, 그리고 해변이 훼손되지 않고도 외지인들에게 안식처를 제공하여 부가가치를 올리는 부자섬 만들기가 가능할 것이다.

이러한 바램이 헛된 꿈으로 사라져가기 전에 돌담도 함께 쌓아가는 공동체 인심이 바닷가 마을에 보존되기를 기대한다.

05

바다의 트라우마

상식적인 사고로는 이해되지 않는 일이 우리 주변에서 종종 일어난다. 요즈음엔 가격이 싸면 착하다고 한다. 그런가 하면 드라마에선 나쁜 남자가 뜨기도 한다. 여성들은 새 옷을 좋아하고, 남자들은 뉴 페이스를 좋아한다. 미성년자는 성인처럼 보이려고 하고, 성인들은 동안으로 보이려고 애를 쓴다. 독신일 때는 결혼을 꿈꾸고 결혼 후에는 자유를 꿈꾼다.

어릴 적엔 바닷물에 몸을 담그면 낫는다고 굳게 믿은 적이 있다. 그래서 여름철에 바닷가를 가는 일은 주술적인 의례 행사에 가까웠다. 잔 기침이나 부스럼, 무좀 뿐 아니라 짠물에 몸을 담가야 정신도 단단해지고 건실해진다고 믿었으니 인천 송도나 만리포 등 비교적 가까운 해수욕장을 찾아가는 일은 단순히 조개탕을 먹으러 놀러가는 여행이 아니라 반드시 다녀와야 한 해동안 골골하지않고 뒷탈이 없다는 예방차원의 가족 여행이었다.

인간과 마찬가지로 자연도 앓고 있다. 이상변동 속에서 계절감각도 혼란스러워지고 적응장애가 되기도 한다. 자연 생태계에서도 기상이변이 일상이 되고 있다. 한 여름에 우박이 내리거나, 늦가을에 개나리꽃이 피거나, 어획량이 달라지는 일이 종종 일어나 웬만한 일은 뉴스거리도 되지 않는다.

최악의 환경참사라고 언급되는 사건들이 바다에서 자주 발생되고 있다. 2010년에 일어난 멕시코만의 원유 유출사고와 관련해 기름띠 확산을 우려해 플로리다주에서는 비상사태를 선포한 적이 있다. 2011년 일본의 대지진으로 인한 방사능 유출로 민감해진 사람들이 이젠 해류까지 공부해가며 러시아 캄차카반도 인근 오호츠크해는 안전한 지 글로벌하게 토론을 벌인다. 다른 지역에서 발생한 재앙이 해상, 해면, 해중, 그리고 해저에 이르기까지 장기적으로 파급효과를 미치고, 우리의 일상생활에까지 제한을 주게 된다.

힘들 때면 자연의 품으로 돌아가 몸을 추스르고 호연지기를 기르곤 하였는 데, 이제 돌아갈 곳이 없어지고 있다. 벌써 여름철 풀밭에서 뒹구는 일이 꺼림직해지고, 바다에서도 거대한 해파리가 출몰하여 별도로 마련된 풀장에서 수영을 해야 안전하다. 앞으로는 바닷물에 아무 생각없이 풍덩 빠져놀기보다는 병든 바다와 침식이 일어나는 백사장을 염려해야 한다.

모래언덕 위의 마을, 이정연, 2007

한 여름 놀고 버리고 오는 바다. 아직도 복구되지 않은 해양생태계. 그리고 각종 오염물질로 인해 바다에서도 '환경의 역습'이 일어나고 있다. 자연재해와 인재로 인한 트라우마를 바다가 겪고 있다. 덫에 걸린 돌고래처럼, 지느러미 잘린 상어처럼 바다의 신음소리를 과연 우리는 얼마나 알아듣고 있는 것일까. 앞으로는 바다로 놀러가는 게 아니라 바다를 구하러 가는 휴가도 생각해보게 된다.

06

살아남기

흔히 젊어서 고생은 돈을 주고도 못 산다는 말이 있지만 정말 나락으로 떨어져 죽고 싶은 처지에 놓인 사람에게 그런 말은 와닿지 않는다. 한 쪽 날개가 떨어진 비행기처럼 추락하는 경험. 바닥인 줄 알았는데 더 바닥으로 구르는 경험. 그런 극한의 세월을 산 사람들은 한 발만 잘 못 디디면 죽는 거고, 죽는 게 별거 아니라는 생각마저도 하게 된다. 이렇게 살 바에야 하는 순간도 스쳐가게 마련이다.

짓밟힌 꿈들이 있다. 영원히 미뤄야 하는 약속도 있다. 깨어나고 싶지 않은 시간이 있다. 인간이 인간을 이해하는 일도, 그저 최소한의 자존심을 유지하는 일도 호락호락하지 않다.

살아남기. 살고 싶어서가 아니라 살아야 하기 때문에 살아가기. 죽은 거나 다름없는 비루함을 견디고 살아 버티기. 그런 인생 앞에 바다가 있다. 웬만한 말은 씨도 안 먹힐 거친 파도가 있다. 예측할 수 없는 밤바다로 출항하는 고기잡이 배가 있다. 내일을 담보로 오늘의 끼니를 해결하는 부둣가 노동자들이 있다. 별별 하소연이 하나도 통하지 않는 바다. 돌아가라고 내몰아치는 파도. 그럼에도 수많은 발길질에도 여전히 고운 모래결과, 소금기 머금고 잘 자라는 억새풀이 있다. 그러니 이 아름다운 세상에 손발이 성하면 일어서야 하지 않겠나.

"더 물러설 곳이 없었다. 이대로 주저앉으면 영영 못 일어날 것같았다. 정신줄을 잡게 한 건 저 푸른 파도소리였다-." 어쩌면 방황은 살아남기 위한 필수 코스인지도 모른다. 꿈과 이상이 다 허물어진 자리에서 자신을 추스려 일어서는 과정을 방황이라고 한다면 그 길은 구불구불해도 성장의 지름길이라고 할 수 있다. 부서지고 무너지는 침식 과정을 방황이라고 한다면 그 과정은 실패를 거듭하며 이루어내는 연금술과 다름없다.

화가 이중섭의 〈서귀포의 환상〉은 가족과의 이별과 해후를 반복하는 궁핍한 삶 속에서도 멀리 섬이 보이는 해안가 귤밭을 배경으로 순진무구한 어린 아이들이 뛰노는 무릉도원으로 표현하여 사무치게 보고싶은 가족에게 헌정하였다. 결핍이 주는 시련 속에서 더욱 더 확인되는 사랑, 눈물로 범벅된 순수와 환희를 일생에 경험해보는 행운은 축복이 아닐 수 없다.

바다새, 이정연, 2005

시퍼런 바다의 위세에 눌려 마음의 풍랑을 가라앉히고 무사히 귀환하는 자의 콧등에 꽃잎이 날아든다. 계절도 모르고 살아온 시간을 뒤로 하고 날지 못해도 살고 뛰지 못해도 사는거다. 나무뿌리 뽑혀도 살고 복이 다 빠져나가도 사는 거다. 풀 한 포기라도 잡으려는 마음이 생긴다면 방황은 아름다운 종말을 고하고 신음하는 생명체는 생존의 궤도에 오르게 된다.

달맞이 동산에 달이 뜬다. 말 그대로의 만월滿月. 한 여름의 열기를 식혀주는 달빛이 오늘 하루도 상처가 덧난 자리를 쓰다듬고 아물게 하는 손길처럼 느껴진다. 무엇으로도 메우지 못하는 웅덩이같은 마음을 달에게 전해본다. 그리고 저 멀리 바다에 비친 달그림자를 안아본다.

07

바닷일 갯일

당신이 게맛을 알아? 하며 종전에 히트 친 광고가 있었다. 안다는 건 무얼까? 피상적으로 아는 것과 속까지 통째로 아는 것과는 확연하게 다르다. 바다를 좋아한다고 바다는 아는 건 아니다. 바닷일은 하늘이 허락해야 가능하다. 염전이며, 양식장이며, 갯일 그리고 원양어업에 이르기까지 아무리 안간힘을 다 쓴다 해도 하루의 일진을 좌우하는 건 하늘의 움직임이다. 예측하기 어려운 자연환경에서 생업에 종사하는 사람은 가족 얼굴보다 하늘을 더 자주 쳐다본다. 하늘이 심통이라도 부리면 아예 하루를 접어야 한다. 타협도 해명도 한 번 봐주기도 없다. 그래서 바닷일을 하려면 우선 바닷가에서 서당개 삼 년을 바쳐야 한다. 아무 것도 모른 채 덤벼들 일터가 아닌 것이다. 글이나 읽었다고 내세울 수 없고, 여러 가지 일 해봤다고 아는 척해서는 안 된다. 바다를 몸으로 익힌 공부가 아니면 아무 소용이 없다.

갯일하는 사람들에겐 재산목록 1호인 널배가 있다. 그 널배를 타고 푹푹 빠지는 갯벌에서 꼬막을 캐는 모습은 마치 신에게로 다가가는 종교의식처럼 보인다. 더우기 칼이나 수저 하나로 꼬막을 까는 달인의 손놀림을 보면 경탄을 금치 못하게 된다. 갓스물에 시집와서 이 바닥에서 한 평생을 바치지 않고서는 나올 수 없는 솜씨이다. 눈감고도 능숙하게 해내는 작업을 어느 기계가 해낼 것인가.

고요한 아침 바다. 갓시집온 큰애기인 양 파도가 살포시 잔잔하게 일렁인다. 촉촉한 물안개가 자욱한 날엔 하늘과 바다의 구분도 분명치않아 바닷가 언덕에 앉아 있으면 짠내가 묻어나는 습한 공기를 마시게 된다.

바닷가 채소도 이 공기를 마신다. 물주고 거름주고 할 형편이 아니어도 겨울부터 이른 봄까지 시장에 내다팔 푸성귀들이 자란다. 부지런하지 않으면 출하시기를 놓치기에 바닷일하는 틈틈이 채소농사도 짓는 어촌 사람들. 비닐 하우스에서 자란 채소와는 다른 튼실한 생명력을 지녀서일까. 도시사람들의 입맛을 사로잡은 후로는 바닷가의 채소와 봄나물이 귀한 대접을 받는다. 쑥을 캐고 시금치를 캐는 일이 남의 입을 위해서 하는 일이지만, 자녀들의 등록금을 벌어다 주는 일이기에 섬주민들은 오늘도 채소들과 함께 새벽공기를 마신다.

이와같이 생명을 주고 받는 순환 속에서 하늘이 허락해야 바다가 풍요로워지고, 바다가 평온할 때 인간이 뜻한 바를 이룬다. 어촌계 주민들은 드넓은 앞바다에 몸으로 익힌 생명의 그물을 던진다.

바다로 간 거북이, 이정연, 2010

08

섬마을 할미

습관이 무섭다고 해야 할까. 툇마루에 앉아 있던 섬마을 할미가 봄볕이 처마밑으로 들어오면 손이고 발이고 가만히 있지 못 하고 일을 찾아 나선다. 가만히 있으면 사는 것같지 않은 습관이 몸에 배서 동네사람들이 아무리 말려도 쑥을 캐러 마을 인근을 돌아다닌다. 늘 잔손이 필요한 양식장이며 사람 모이는 오일 장터며, 눈감아도 훤히 보이는 동네일들. 윗집 아랫집 소식이 궁금하여 가뜩이나 짧아지는 새벽잠에서 깨어 먼 발치까지 살핀다.

칠순이 넘어도 젊은 축에 드는 마을. 형님 동생하며 서로 참견하는 재미로 같이 늙어가는 마을. 하루라도 쉬면 몸살이 난다고 하고 노는 게 더 지옥같다고 한다. 하루 종일 일해도 두 손에 쥐고 사는 건 몇 푼이 되지 않는다. 무릎이 다 나갈 때까지, 허리가 다 주저앉을 때까지, 침침한 두 눈이 더 멀어버릴 때까지 다시 호미 하나 들고 일하는 습관을 뭐라 해야할까.

가물어 듬성듬성 자란 푸성귀를 다듬거나 말리거나 고추장에 재어두거나 하는 일상은 부지런한 성품만으로는 설명이 부족하다. 맛있게 먹으려는 그런 특별한 목적이 있는 것도 아니다. 푸성귀의 시간에 맞추어 자신의 시간을 맞추는 일. 때를 놓치면 허사가 된다. 그것은 삶의 제1원칙인 것이다.

도둑이 들어와도 가져갈 게 없는 울도 담도 없는 섬마을. 강하고 모질지 않으면 살아남지 못 할 세월이 이젠 가물가물한 추억이 되어도, 막상 섬마을 할미는 징하다고 한다. 벼 한 포기 나지 않는 섬에서 죽지않고 살아남은 기적을 징그럽다고 한다. 손등에 쓰

물결, 이정연, 2005

여진 삶의 흔적이 지워지지않아 자기 손을 보기도 싫다고 한다.

그래도 할미가 보자기에서 풀어내는 섬마을 이야기는 애절하고 끈적하다. 고생을 오지게 한 이야기도 듣는 사람에겐 흥겹다. 들어오지도 나가지도 못 하는 외진 섬에 시집와 빗물받아 밥해먹고 빨래하던 이야기, 노둣길 따라 이웃섬 놀러가던 이야기, 바람핀 남편이 색시달고 섬으로 돌아온 이야기, 섬마을을 돌며 한 탕 해먹고 도망친 사기꾼 이야기-.

한 편의 판소리같은 삶을 내다 팔 수도 없고 사가는 사람도 없다. 누가 들어주지 않아도 저절로 나오는 신세타령이 앞마당에 달이 뜨면 메밀꽃처럼 연속하여 펼쳐진다. 할미는 천지가 개벽할 희망이 있어서 사는 게 아니라, 그저 내가 아니면 저 텃밭이며 새끼 밴 강아지며 누가 돌보랴 하는 심정으로 툇마루에 앉아 지킨다. 멀리서 보면 송장같고 귀신같고 벽에 걸어논 빗자루같은 몸을 저녁이면 누이고 아침이면 일어나 동네방네 챙기러 다닌다. 일과는 소소하나 업무는 막중하다. 때를 맞추지 않으면 허사가 되고 돌이킬 수 없다. 하늘로 돌아가기 전 마지막까지 하는 섬마을 할미의 업무는 지키는 일이다. 뼈마디까지 들어가 굳어버린 습관의 힘이다.

09

수산시장

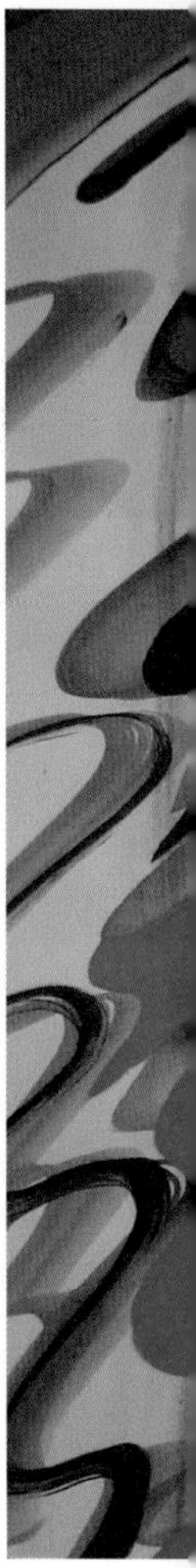

그저 그런 삶이 아니라 펄떡펄떡 뛰는 삶. 살아있는 느낌. 그런 생생한 느낌으로 하루를 산다는 건 축복이다. 살다보면 지루함만큼 어려운 것도 없다. 매달려야 할 그 무엇이 있을 때에는 젖먹던 힘도 내고, 이를 악물고 참기도 하고, 허리띠를 졸라매고도 일어선다. 그러나 눈 앞에 아무 것도 보이지 않고, 무엇을 해야 할지 막막하고, 무슨 일을 해도 허망하게 느껴질 때에는 먹구름의 장막이 자신을 짓누르게 된다. 있던 기운도 흩어지고, 먹고 마시는 것도 의욕이 나지않고 심드렁해진다.

영화나 음악으로 일시적인 기분전환을 할 수도 있겠지만, 심리적인 장기침체는 쉽사리 사라지지 않는다. 한 때 무서울 게 없이 잘나가던 전성기의 꿈자락에 사로잡히기도 하고, 무얼 해도 안 되는 실패감에 좌초하기도 하는 난파선. 철인경기 우승자나 성공신화의 주인공들의 인생역전도 그다지 와닿지 않는다. 불굴의 투지로 해낸 타인의 업적을 바라볼 수록 상대적으로 나 자신이 초라해져서일까. 1만분의 1의 성공확률로는 해저까지 내려간 의욕저하와 우울감이 쉽게 떨쳐지지 않는다.

무기력증에 빠진 맥박을 되살리는 데에는 어쩌면 병원보다 수산시장이 제 격이다. 같은 시간이라도 나의 30분과 수산시장의 30분은 다르다. 비린내를 확 풍기며 지나가는 갈치 상자에도 시간은 긴박하게 흐른다. 갓잡은 멸치를 바로 쪄서 말리고 경매시장으로 보내면, 초를 다투며 사고파는 한바탕 소동이 순식간에 끝난다. 바쁘게 돌아가는 도매 수산시장의 하루에는 등푸른 고등어에 얼음깔고 신선도를 유지하며 밤새 달려온 트럭 운전기사의 입김이 서려있고, 화장실도 못 가고 좌판을 지키는 소매 상인들의 입담이 걸지다. 제 값을 받으려면 울릉도 오징어, 통발낙지, 피조개도 상인도 분발해야 한다. 좁은 골목을 오가는 배달 오토바이들은 뒤도 돌아보지 않고 달린다.

그들 모두 눈빛이 살아있다. 거친 숨이 살아있다. 조명이 화려한 백화점에서는 볼 수 없는 생기와 활기. 손으로 벌어서 입으로 가져가는 그 간단함을 위하여 새벽부터 저녁까지 수고해야 한다. 내일을 위해 하루 일과를 잘 정리하고, 상인들이 집으로 돌아간다. 그 모습

흔들림 속에서, 이정연, 2005

을 보고 있으면 맥이 풀려있던 자신이 부끄러워진다.

먼 바다에서 실려온 잡어들이 펄떡이며 나의 침침한 감각을 되살려주고, 상인들끼리 주고받는 호탕한 웃음소리가 무미한 일상의 공백을 가로지른다. 어깨가 빠지도록 조기 상자를 나르는 막노동꾼이 머리가 복잡한 비관주의자의 실핏줄을 밟고 지나간다.

그네들을 바라보는 것만으로도 치유가 된다. 어떤 헤비 메탈 음악으로도 풀리지 않고, 어떤 목사님 설교로도 투명해지지 않던 우울한 웅덩이가 어느 새 회복이 된다. 수산시장은 입장료도 받지 않고 사람을 살려낸다.

10

해안가 보도여행

승용차를 타고 국도를 달리면, 차가 정체되거나 주차의 번거로움 때문에 때로는 온 길을 되돌아가고 싶은 적이 있다. 가는 곳마다 기념사진 찍기에 바쁜 단체여행에 식상한 사람에겐 여행이 지루한 고행苦行일 수 있다. 그렇다면 홀홀단신 떠나는 도보여행은 어떨까? 자전거여행도 번거로워하는 사람에겐 제 격일 수도 있다. 경험이 많은 사람은 초보자들에게 안전하게 대로변으로 걷다가 정 힘들면 드물게 오는 군내버스를 번갈아타고 이용하면 훨씬 안전하다고 귀띔한다.

버스도 한 시간에 한 대 오는 시골길에선 가끔 두 발로 걸으며 사물들과 찬찬히 만나는 연습을 한다. 누가 중심이고 누가 주변이 되는 일없이 적절한 거리를 두고 풍경이 펼쳐진다. 챙이 넓은 모자 하나 쓰고, 뒤에 따라오는 경운기를 피해가며 가다가 피곤하면 바위에 걸터앉기도 하고 지나가는 동네 사람들의 이야기를 귀동냥하며 걷는 여정. 사람 발자국으로 다져진 해안가 마을길은 천천히 걷는 사람만이 비포장도로의 촉감과, 무너질 듯한 담장에 핀 나팔꽃, 슬쩍 서리하고픈 호박 덩굴을 만날 수 있다.

오래된 골목길은 어렴풋한 많은 추억을 불러 일으킨다. 어릴 적에 듣던 기차 지나가는 소리, 두부장수의 종소리, 엿장수의 가윗소리가 아직도 귓전을 들리는 듯 하다. 흔히 경관이 아름다운 곳만 찾아다니는 사람이라면 무슨 재미냐고 할지 모르지만, 지금껏 살아오지 않은 다른 동네길을 걷는 것 자체가 새로운 체험의 장이 될 수 있다.

낯선 환경에서 자신의 몸과 마음이 어떻게 반응하는 지 스스로 보게 되니, 자기성찰이 가능한 걷기명상이 되기도 한다. 둘레길을 걷다가 나무 그루터기에 앉아 쉬다 보면 침이 마를 정도로 걷기예찬하는 사람, 장거리 기록을 갱신하는 사람, 유행 따라잡기하듯 걷는 사람 등 다양한 가치관의 소유자들을 만나게 되지만, 무조건 허벅지 근육으로 걷는 것과, 수묵화의 풍경 속으로 자신을 끌어 들이며 배경의 일부가 되어가면서 걷는 것은 차원이 다르다.

올레길, 둘레길이 아니더라도 해안도로를 따라 걷다보면 무심코 걷다가 마주쳐 서로 깜짝 놀라게 되는 도마뱀도 만나게 된다. 그네들은 자신들의 영역에 불쑥 들어와 걷는 자의 횡포를

바다놀이터, 이정연, 2010

어디다 하소연도 하지 못하고 엉겅퀴가 자란 풀밭으로 숨는다. 토끼굴처럼 자신들만을 위한 통행로가 필요하다고 여길 것이다. 행복해질 권리는 그들에게도 있으니까.

어느 덧 저녁. 예정된 장소에 도달하지 않아도 수상한 외지인으로 오인되기 전에 걷기를 마쳐야 할 시간이다. 걷다보면 신발도 금새 닳아 떨어져 교체하고, 무엇보다 발목과 발꿈치, 그리고 발톱을 점검하고 휴식을 취해야 한다.

차에서 내려 잠깐 맛보는 경관과는 다른 맛에 익숙해진 도보여행자들은 이 모든 것을 감수하며 걷기 위해 쉰다. 묵묵히 수행하는 자의 고단함과 신선함이 달다. 카메라에 담은 낮은 지붕 굴뚝에선 저녁밥 짓는 연기가 피어오른다. 멀리서 불어오는 해풍이 참빗처럼 젖은 머리카락을 빗겨준다.

11

구식 입맛

예전엔 기차역 홍익매점에서 서서 먹는 가락국수가 여행의 별미였다. 기차떠나기 전 3분만에 고춧가루 조금 뿌려 후루룩 후루룩 먹어치우는 툭툭 끊어지는 국수가 왜 그리 맛있던지. 분식을 특별한 먹거리로 생각하던 시절이라, 초등학교 졸업식은 짜장면 먹는 날이었고, 어른들과 시장가는 길을 따라나서면 항상 찐빵이나 만두를 먹는 행운이 뒷따랐다. 추억을 장식하는 그 음식들은 기억 속에서 김이 모락모락나고 은은하게 발효되고 있어, 지금도 여행가면 우동파는 간이 분식점을 순례하곤 한다.

그런데 요즘엔 그런 입맛을 내는 음식점이 적다. 지천에 식당이 즐비하고, 24시간 운영하는 곳도 많은데도 손 호호 불며, 서로 싸워가며 게눈 감추듯 먹던 음식의 맛을 느끼는 경우는 거의 없다. 유학파 세프들도 늘어나고, 삼대째 운영한다는 대규모 식당도 지역마다 랜드마크처럼 소개되는 데도 예전의 그 맛을 고집하는 사람들에겐 영 아니다. 허름하던 식당도 방송에서 유명세를 타면 증축을 하고 체인점을 내고 관광버스들이 밀려들지만, 기억을 더듬어가며 용케 골목길 찾아내어 예전의 그 맛을 다시 대할 때의 행복감은 허탈감으로 바뀌고 만다. 뒷자석에 앉은 사람과 등닿으며 먹던 파전의 추억도, 밑반찬 떨어지면 알아서 부엌에 들어가 찾아먹던 일도 찾아보기 힘들다. 이젠 식당도 기업이고 메뉴도 기획상품이며 식탁도 디자인이다. 고급화되었으나 다 그렇고 그런 특색잃은 식당이니, 구태여 친구 끌고가서 팔아주고 싶은 밥집은 아닌 것이다.

먹을 게 너무 많아져서 또는 입맛이 고급이 되어서 그렇다는 말들을 많이 하지만, 나의 허기와 식당의 분위기, 그리고 조리사의 손끝이 어우러져서 한 번 조성된 맛에 대한 기억은 끈끈한 애착으로 굳어지고 그 다음에는 고집스러워지는 것같다.

구식 입맛은 아직도 환상을 가지고 미각의 바다를 헤매고 있다. 단골 손님한테만 드린다고 담가놓은 과일주가 나오는 곳을. 겨울철에 꼬들꼬들하게 말린 무말랭이와 묵은지만 달랑 나와도 맛있는 콩나물국밥집을. 찰진 밥 한 덩이로 먼저 요기하고 있으라는 할머니 식당을-. 입덧하는 새댁처럼 매콤한 게 땡기는 요즈음, 고추장 굴비 생각이 간절하여 나는 인터넷 검색을 하며 그때 그 시절의 입맛을 살려줄 식당을 찾고 있다. 어릴적 친구들도 이 나이 되면 나와 같은 행동을 하고 있을지 모른다. 갑자기 학창 시절 친구들이 그리워진다. 쌀집 아저씨 말투로 카톡을 하고 싶어진다. “언제 얼굴 한 번 보세.”

바리데기, 이정연, 2005

12

해안가 밥상

어느 지역을 가든 한 번 쯤은 식당에서 백반을 시킨다. 해안가일 수록 조리법이 간단하고 내륙으로 갈수록 갖은 양념으로 맛을 내게 된다. 해안가에서는 재료가 신선하니 도미나 광어와 같은 고급 생선 축에 못드는 잡어라 할지라도 세꼬시회를 떠서 된장에 찍어 깻잎에 싸 먹으면 맛이 일품이다.

남도의 식당에서는 다른 지역과 달리 젓갈류가 반드시 나온다. 요즘 젊은 사람들의 취향은 아니지만, 식당주인들은 곰삭은 젓갈을 친절하게 설명까지 하며 손님들에게 드시라고 권한다. 더위먹은 여름에는 애호박새우젓국이 절로 생각나고, 형체를 알아볼 수 없을 정도로 볼품없는 황새기젓, 갈치속젓, 아가미젓이 더부룩한 속에는 더없이 편하다. 한국에서 오래 살고 한국어를 유창하게 하며 김치와 불고기를 잘 먹는 외국인들이 많지만, 음식엔 멸치젓갈을 넣어야 깊은 맛을 낸다는 정도가 되어야 진짜 한국인 다 됐다고 말할 수 있다. 마찬가지로 느끼한 크림 스파게티나 치즈 그라탕을 먹어도 웬지 묵은 김치 한 조각 얹어서 밥 한 숟가락으로 입가심을 해야 속이 편해진다면 영락없는 한국인이다.

목포의 어느 식당은 하루 분량의 꽃게가 떨어지면 바로 문을 닫는다. 싱싱한 꽃게가 흑산도에서 들어오지 못하면 2, 3일도 식당을 쉰다. 그 자체가 이야기거리가 되고 홍보가 되어 식당 주인의 퉁명스러움을 문제 삼을 겨를도 없이 입소문을 타고 손님들이 모여든다. 비싼 랍스타 먹으려고 계를 드는 웃지 못할 풍속도 있다지만, 어린 것은 튀겨먹고, 싱싱한 살은 발라내어 무쳐먹고, 알이 꽉 든 것은 칼칼하게 탕으로 먹는 토종 꽃게의 맛은 한국땅에서 사는 즐거움을 가져다준다. 그저 고마울 따름이다.

바다의 향연은 여기서 그치지 않는다. 밀물과 썰물이 반복되면서 매일 바지락을 캘 수가 있고, 같은 바다에서 계절별로 도다리, 농어, 숭어, 병어, 민어 등이 파노라마처럼 펼쳐진다. 봄엔 도다리회, 여름철엔 보양식인 민어회, 가을이면 고소한 전어구이, 그리고 겨울엔 개운한 연포탕까지 먹고나면 입안이 바로 무릉도원인 셈이다. 멀리서 귀한 손님이라도 오면 담백한 갑오징어회를 추가하고, 집안에 큰 행사가 있으면 빚을 내어서라도 문어, 홍어를 잡아야 한다.

바닷가힐링 1, 이정연, 2008

입에 착 붙는 간장게장에서 기다림의 미학을, 톡 쏘는 홍어찜에서 삭힘의 미학을, 그리고 미나리 듬뿍 넣은 해물찜에서 어울림의 미학을 음미한다. 임금님 수랏상이 아니더라도 해안가에선 전복 된장국을 구수하게 끓이고 바지락초무침에 보리밥 한 그릇을 먹고 나면 한 끼 식사로 그만이고 마음까지 든든해진다. 또한 낙조에 물드는 다도해 앞바다를 바라다보며, 척 하면 딱 알아듣는 친구와 맥주 한 잔을 곁들이면 그 이상 무엇이 부러우랴.

바다에서 그대로 가져온 우리 밥상. 치즈와 블루 베리에 익숙한 젊은 세대에게도 그대로 전수되었으면 한다. 이웃 나라에서 더 탐을 내는 우리 해산물을 오히려 우리가 그 진가를 모르는 게 아닌지 다시 한 번 생각해 볼일이다.

13

바다복

바다가 잉태하고 어부들이 건어올려 차려진 해물 매운탕엔 가격을 묻지도 따지지도 못 할 노고와 정성이 들어있다. 어설픈 관광객의 추운 몸을 녹여주는 곰치국, 입맛을 되살려주는 멍게비빔밥, 원조를 찾아 줄서서 기다려 먹는 물회 등을 너무 쉽게 먹고 너무 쉽게 잊어버리는 것은 바다음식에 대한 예의가 아니다.

다른 음식도 마찬가지이지만, 특히 해산물을 먹을 때에는 더욱 감사한 마음을 가지게 된다. 회 한 접시엔 새우잠을 자며 밤바다에서 그물을 건어올리는 뱃사람들의 걸진 목청이 들어있다. 생선 구이 하나에도 해풍과 맞서 사투를 벌이는 뱃사람의 팔뚝과, 이고 지고 나르는 섬마을 사람들의 손길과 제 값을 받지 못하고 돌아서는 아낙들의 한숨이 서려있다. 병어조림의 가격에는 갈수록 어획량이 줄어드는 어민의 근심이 들어있고, 바다를 앞에 두고도 여름이면 홍역처럼 찾아오는 가뭄에 식수걱정을 해야하는 시름이 들어있고, 어린 동생들을 돌보느라 또래들보다 학교도 늦게 들어간 여학생의 애환이 곁들여져 있다. 해지기 전에 팔아야 할 좌판 뒤에는 치솟는 물가를 힘겹게 견디는 가족들이 있다.

한국인의 밥상에 변함없이 올려지는 꽁치, 고등어, 갈치는 어느 나라나 누리는 행운이 아니다. 복에도 여러 가지가 있다. 사람들이 남편복, 자식복, 상복, 재복 등을 타고나면 팔자가 좋다고 한다. 일복이 있다고 신세한탄 하면서도 일을 즐기는 사람도 있다. 나는 바다복이 있는 나라에 태어난 것만으로도 상팔자라고 생각한다. 육수를 우려내는 데 넣는 때깔좋은 멸치와 다시마, 염산을 치지 않은 파래김, 그리고 알이 탱탱한 굴과 홍합을 두고 어디에 가서 산단 말인가.

먹을 수록 입맛을 끌어당기는 오징어, 낙지, 해삼, 멍게를 게으른 자의 식탁에까지 가져다 주는 어민들에게 늘 감사한다. 하루에 한두 번 오가는 뱃시간에 맞춰 사는 게 어떤 건지 알기에. 싱싱한 것은 시장에 내다팔고 귀떨어져 나간 것을 추려서 집에 가져가는 심정이 어떤 건지 알기에. 그리고 섬에서 태어난 자식들에게 마음껏 해주지 못하는 부모의 마음이

바닷가힐링 2, 이정연, 2008

어떤 건지 알기에.

한국엔 어디를 가나 이모가 많다. 대충 말하기에 좋은 호칭이 이모다. 누룽지 간식에 숭늉까지 나오는 이모네 밥집에는 감사의 글이 가득 적힌 메모판이 인증샷을 대신한다. 바다님 고맙습니다. 이모님 감사합니다.

14

보물섬

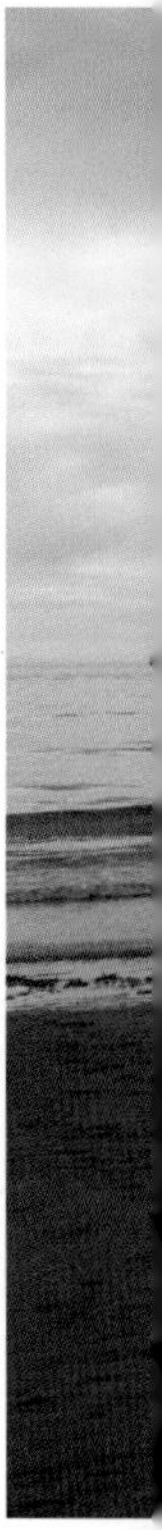

어렵다 어렵다해도 섬마을 주민들은 그 전부터 웰빙의 삶을 살아왔다. 갓잡은 해산물을 별다른 양념없이 초장에 찍어먹어도 꿀맛이요, 병든 소도 일어서게 하는 낙지를 제 철에 맞게 먹으며 사는 입호강은 대감마님 못지않은 것이다. 성인병을 예방하는 데 해조류가 좋다고 알려지면서 김이나 파래, 미역, 톳 외에 최근에는 매생이를 알아주는 눈치이지만, 바닷가 사람들은 바닷가 바위나 돌에서 해조류를 그날 뜯어 그날 먹는다. 심심하면 굴과 조개를 넣어 끓여도 먹고 무쳐도 먹는다. 초고추장을 살짝 곁들인 꼬시래기 바다국수는 한끼 식사 대용으로도 손색이 없다. 완도 사람들은 오늘 저녁에 잡은 전복과 하루 지난 전복도 벌써 맛의 차이가 있다고 한다. 전복내장 게웃으로 끓인 죽은 또한 얼마나 귀한 음식인가.

바다에선 모든 게 자연산이다. 아직도 자연이 기르고 자연이 빚은 마을에선 양력보다 음력에 맞추어 살고, 나랏님보다 용왕님을 모시고 살며, 사람 대하듯 자연과 호흡하며 산다. 갑자기 개벽천지할 일이 뭐 있겠는가. 고사리가 자라면 고사리를 먹고, 바지락이 나면 바지락을 먹는다. 해가 길면 늦게까지 일하고 해가 짧아지면 일찍 잠에 든다. 있으면 있는 대로 없으면 없는 대로 살면서, 살고 죽는 것이 내가 발버둥쳐서 될 일이 아님을 자연에서 배운다.

지방을 태우느라 억지로 운동하는 일도 없이, 조금 살만해졌다고 빈둥거리는 일없이 해시계와 달시계를 따라 사는 마을. 이제는 인심이 예전같지 않다고 하지만 그래도 패스트 푸드에 지친 몸을 이끌고 바닷가 마을에 들어서면 다른 세상을 보는 듯한 착각이 든다. 빼어난 경관을 두르고 있지 않더라도 섬 주변의 청정해역을 부러워하며 사람들이 찾아오기 시작하면서부터 마을사람들은 우리가 진짜 웰빙하며 사는 거구나 하고 이제사 확인하게 된다.

밤하늘에 반짝이는 별을 보다가 문득 지구도 하나의 아름다운 별이라는 걸 깨닫는 순간 지구가 다시 새롭게 여겨지듯이, 찬찬히 바라보면 섬은 모두 보물섬임을 알게 된다. 섬은

바닷가힐링 3, 이정연, 2008

육지에서 떨어져 나간 조각이 아니라 그 자체가 바다를 두른 천혜의 왕국이다. 교통이나 교육 등의 불편한 면이 없지 않지만, 그래서 더 각광을 받는 숨겨진 보물같은 땅인 것이다.

뭍으로 나가는 게 꿈이던 섬사람들이 이제는 숨겨진 보물같은 섬으로 몰려오는 관광객을 맞이하며 살아갈 신해양시대로 접어들었다. 잘 먹고 잘 사는 것 이상의 웰빙을 한 수 가르쳐 줄 보물섬으로 행운의 여신이 지나가고 있음을 알아보는 것 또한 지혜와 용기가 있어야 가능한 일일 것이다. 바다끼고 사는 웰빙족이 진짜 귀족인 세상이 성큼 다가오고 있다.

15

반복의 힘

엄마가 섬그늘에 굴따러 가면
아기가 혼자 남아 집을 보다가
바다가 불러주는 자장노래에
팔베고 스르르르 잠이 듭니다

동요치고는 너무 구슬픈 내용의 노래이지만 할머니가 돌 지난 손녀를 등에 업고 자장가처럼 네다섯 번 반복하여 나즈막하게 들려주면 정말 스르르르 잠이 든다. 어릴 때 들으며 자란 노래를 딸에게 그리고 딸이 낳은 딸에게 들려주면서 동요는 세대를 이어 전달된다.

아무리 변화무쌍한 시대라고 할지라도 마음에 남는 노래, 기억나는 그림, 떠오르는 인물은 대부분 어릴 때 각인된 경우가 많다. 책을 읽어서 터득한 경우보다 주위 사람들로부터 여러 번 반복해서 들어서 자연스럽게 흡수된 경우는 세월이 한참 흐른 뒤에도 문득문득 되살아난다.

걸음마를 배울 때부터 바다의 정서를 익힌다면 더욱 풍부한 감성의 소유자로 성장할 기회가 많을 것이다. 따뜻한 습기와 바람 그리고 온화한 기후를 지닌 해안가 지역은 그만큼 풍부한 감성자원을 품고 있기 마련이다. 시야가 트인 지역은 마음의 여유를 가지고 상상의 나래를 펴는 유연함을 기르는 데 유리한 환경이다. 동물을 대상으로 실험한 연구에서, 천정이 낮거나 좁은 공간에 과밀하게 갇힌 경우 공격성이 증가한다는 결과는 이미 널리 알려진 사실이다.

바다가 지닌 자연적인 특성 중 가장 먼저 인식되는 것은 반복의 힘이다. 일정한 리듬의 파도와 밀물과 썰물의 반복은 정서적 안정감을 가져다 준다. 철썩이는 파도소리는 일상의 소음을 잠재우며, 바다의 주기에 맞추어 바닷길을 떠나고 돌아오는 어선의 모습은 삶의 활기를 가져다 준다.

바닷가힐링 4, 이정연, 2013

단 한 번의 노력으로 이루어지는 기적이 있을까? 이렇게 무심히 끊임없는 반복이 뒷받침이 되어 생명체가 유지되고, 새로운 생각도 번뜩 떠오르고, 일시적인 실패를 극복하게 되는 건 아닐까? 나이가 들수록 말초적인 자극보다는 보편성이 더 울림있게 다가온다. 무의미하게 여겼던 단조로운 반복 속에서 더 살아있음을 확인한다. 그리고 인간과 자연이 함께 연주하는 리듬 속에서 더 근원적인 소속감을 느낀다. 바다는 나에게 말한다. 자연의 반복은 정성이고 생명이고 사랑이다 라고.

16

노란 리본

2014년, 제주도로 수학여행을 떠나는 앳된 학생들. 믿을 수도 없는 비극이 눈앞에 벌어졌다. 세월호가 침몰했을 때 우리들의 마음도 함께 침몰했다. 침몰의 원인은 거센 조류도 암초도 아닌 어이없는 인재였다. 총체적 부실과 부패로 해이해진 우리 사회의 단면을 심판하듯 세월호 참사는 어쩌면 예고된 사고였는지도 모른다. 해상 사고에 이 정도밖에 대처하지 못한다니 부끄럽고 원통하고 진정이 되질 않는다. 잡다한 일에 시달려 살아가는 지금도 아직 찾지 못 한 바닷속 영혼들에게 해줄 말이 없다는 게 너무 가슴 아프다. 지켜주지 못한 죄책감을 우리가 어떻게 떨치겠는가.

평소에 어떤 자세로 살았는가 하는 것이 생사의 갈림길에도 그대로 드러난다. 세월호 참사 이전에도 그리고 이후에도 대형사고가 많았으나, 정상과 비정상의 경계가 이렇게까지 흐려진 적은 없었다. 무엇보다 생명이 소중하다는 의식만 있어도 이렇게 어이없는 일을 그대로 당하고 있지는 않을 것이다. 바다에서 뿐이랴. 작은 골목길에서도 해도 될 일과 해서는 안 될 일을 구분하지 못하면 그 대가는 고스란히 우리 앞에 재앙으로 이어진다. 악몽을 치루고 나서도 우리 사회가 얼마나 회복되고 나아졌는지 자문해본다면 어떨까. 아직 글쎄이다.

진도 앞바다는 우리의 치부를 덮은 채 다시 제 모습을 지켜가고 있다. 인간의 반복된 실수를 알면서도 바다는 항해를 허락한다. 다시 못 올 길을 떠난 이들을 애타게 기다리는 가족들에게 여전히 푸른 물살로 다가온다. 누가 대신할 것인가. 누가 더 아파할 수 있겠는가. 바다는 그저 스스로 진혼곡을 실어 출렁인다.

나비를 닮은 꽃, 목포대학교 아동학과 협동작품 by 이정연, 2014

가까스로 정신을 가다듬어 한 해를 보내고 2015년을 맞이하는 항구에는 여전히 노란 리본이 매달려있다. TV뉴스에서는 멀어져 가지만 사랑스런 존재의 부재를 향해 나부낀다. 찾아가 슬픔을 나누는 것조차 폐가 될까 발걸음이 떨어지지 않는 아픔이 아픔에게, 회환이 회한에게 빈 어깨를 빌려준다. 지울 수 없는 역사의 슬픈 페이지를 기억하며 앞으로도 계속 남아있는 과제들마저 떠내려가게 해서는 안 된다.

17

바다로 출근하기

바다를 본 적없는 사람이 바다를 상상하기란 쉽지 않다. 한 평생 바다에서만 사는 물고기는 바다가 바다인 줄도 모를 것이다. 그런데 한 번 맛보면 몸이 먼저 기억하는 그런 바다가 있다. 한 눈에 반했다가도 시간이 지나면 시들해지는 경우가 더 많은데, 변함없이 가슴을 설레게 하는 그런 바다가 있다.

여객선을 타고 멀리 보이는 포구와 선착장에 천천히 닿아갈 때의 느낌은 다른 세상으로 스미싱되는 기분이다. 난생 처음 바닷물에 첫 발을 디딜 때의 신기함과 나를 쫓아오는 듯한 파도에 대한 두려움을 겪으면서 시작된 광활한 바다의 느낌은 희미해졌지만, 언제부턴가 시작된 바다에 대한 갈증은 한 번 씩 다녀오지 않으면 치유되지 않는 병처럼 되어버렸다.

어린애로 돌아가고픈 욕망을 달래기에 가장 적합한 공간이 바다인지도 모른다. 멋없고, 융통성없고, 고집만 세지면서도 내면으로는 허전한 어른이 자신을 풀어놓기에 가장 안전하다고 느끼면서 바닷새처럼 바다로 향하게 된다. 그저 숨쉬기 위해, 무작정 달려보기 위해, 뒷걸음질치는 자신을 위로하기 위해 부정기적으로 바다로 출근하고 출장가는 셈이다.

바다를 앞마당처럼 여기고 뛰놀며 강렬한 햇볕으로 온 몸을 말리고 해질녘 모래를 털고 일어날 때의 상쾌함. 단순하면서도 신선한 맛에 파도가 넘실대는 해변을 찾게 된다.

바다에선 누구나 소년이고, 때묻지않은 자유인이다. 철없이 무한 긍정의 에너지가 솟구친다. 하늘빛, 바다빛 다 품에 안고 부자가 된다. 그리고 어린애가 천천히 어른이 되어 도심으로 돌아온다.

새해가 되어 나이를 한 살 더 먹고 삶은 더 어두워졌다. 세상의 속도를 따라잡으려면 뇌의 부품을 다 바꾸어야 할 정도로 한 가지 결정을 내릴 때마다 세상살이는 더 난감해진다. 꼭 이렇게 살아야 싶을까 할 정도로 여기저기 치이는 도시 한 복판을 걷다보면 단순한 삶의

바닷가힐링 5, 이정연, 2013

유혹이 더 강렬해진다. 떠나자.

그러면서도 막상 바다에서 헤쳐나갈 용기가 나지 않아 결국 틈틈이 출장을 꿈꾸는 미꾸라지가 되고 만다. 부모에게 떼쓰는 어린애처럼 오늘도 스스로에게 징징댄다. 바다에 갈래, 바다에 데려다 줘.

18

인생은 아름다워

나는 매일 기적을 본다. 바닷길이 갈라져야만 기적이 아니라, 안 보이던 것이 보이면 기적이다. 가까이서 보면서도 새삼 세상만사 돌아가는 이치를 깨닫고 평범한 사물의 존재감이 새롭게 느껴지는 일이야말로 기적이 아닐 수 없다.

20대엔 이해되지 않던 일이 30대엔 이해되고, 40대엔 안 보이던 것이 50대엔 보이기도 한다. 내 새끼도 예쁘지만 남의 새끼도 사랑스러워 보이는 나이. 세상에 공짜가 없다고 하는 데 받은 게 너무 많다고 느껴지는 나이. 그 나물에 그 밥이더라도 정겹게 둘러앉아 시간을 보내는 작은 천국. 싸우면서 정드는 일도 재미있고, 만나주고 놀아주는 사람도 고맙다.

나이드니 생활이 단순해지는 축복을 받는다. 버려지는 것, 사라지는 것, 잊혀지는 것에 대하여 고요한 마음으로 바라볼 수 있게 된다. 인생의 하반기는 감사의 기도를 올리는 시기이다. 끝날 것같지 않던 터널을 지나온 것, 스스로 자초한 파도를 겪어낸 것, 그리고 현재 생생하게 살아있음에 대하여.

늙어간다는 것은 또 하나의 자연이 되는 것이다. 바닷가 소나무숲처럼 의연하게 생사소멸의 리듬을 들을 줄 아는 것이다. 그리고 꽃이 진 후의 정적처럼 아름다운 마침표를 그려가는 것이다. 최근에 조용히 생각에 잠기는 동안 '내 몸을 좋은 일에 쓰겠습니다.'라고 말하는 내 안의 목소리를 들었다. 그게 무슨 뜻일까 하고 내내 생각해보았다. 육체적인 노동인가? 신체 기증인가? 그러나 그런 추측은 말 그대로 추측에 불과하며 몸으로 와닿지 않았다. 지금 떠오르는 생각은 입으로 좋은 말을 전하라는 것으로 느껴진다. 하고 싶은 일을 하면서도 상대방을 불편하게 하지 않는 말, 상대방을 잘 보살피는 말, 상대방에 대한 부정적인 감정도 진정으로 순화시켜 표현하는 말 등등. 진심은 실제로 몸으로 느껴진다. 말로 유창하게 해야 전달되는 게 아니다. 스피커의 볼륨이 커야 전달되는 것도 아니다.

죽기 전에 꼭 가봐야 할 바다는 어디일까? 대자연의 신비를 간직한 바다, 어릴 적 놀던

바닷가힐링 6, 이정연, 2008

바다, 무인도를 감싸고 있는 바다, 이국적인 바다-. 똑 부러지게 여기라고 말 할 수 있는 곳이 지금 당장은 떠오르지 않는다. 그래도 굳이 하나 정한다면 인정이 넘치는 바다라고 말하고 싶다. 미우니 고우니 해도 사람들과 어울려 의좋게 살아가는 일보다 더 큰 성공은 없으며, 더 넓은 바다는 없다고 본다. 별의별 일을 다 겪으며 마음의 지옥을 다녀왔으니, 이제는 물살을 가르며 나아가는 일만으로도 만족한다. 늦은 오후, 은물결이 넘치는 바다를 바라보며 스스로에게 독백을 되풀이한다. 아름다운 인생, 정으로 덮으리라.

19

파란만장

파란만장波瀾萬丈. 파도의 물결이 만장이나 된다는 의미로, 역경에 시달리는 상황을 의미한다. 파도타기를 즐기는 젊은이들도 많지만, 파도는 대부분 어려운 시련을 의미하는 비유로 많이 등장한다. 집채만한 파도, 세파世波에 찌든 얼굴 등의 표현에서 알 수 있듯이, 파도는 삶을 쓸어가는 부정적인 면으로 묘사된다. 청천벽력같은 날벼락은 아니지만, 삶의 지축을 흔드는 고난이 연속될 때, 우리는 은연중에 파도치는 절벽을 연상하는 것같다.

가까스로 한 고비 넘기면 또 밀려오는 파도, 한푼 두푼 모은 재산을 덮치는 파도, 푸른 꿈과 단단한 의지로도 고삐를 쥘 수 없는 파도, 눈깜짝할 사이에 단란한 가정을 삼키는 파도, 수많은 생명을 앗아가고도 언제 그랬냐는 듯이 잔잔해지는 파도.

두렵다고 피할 수도 없고, 한탄한다고 되돌릴 수도 없는 난국. 하나의 거대한 산맥이 되어 다가오는 파도를 헤쳐나와야 할 때, 주변에서 선불리 도울 수도 없다. 파도는 가계대출일 수도 있고, 기나긴 투병일 수도 있다. 아니 어쩌면 자신과의 싸움일 수도 있다. 뒤집어엎는 괴력을 지닌 파란만장을 보고 겪고 살아남은 자의 눈빛은 다르다. 크게 기뻐하지도 크게 낙담하지도 않는다. 지금까지 겪은 험난한 길을 기억하면서 여전히 막막한 미래에 대해서도 담담해진다. 오히려 살아온 길을 회상하며 웃음짓는 모습은 아무런 욕심이 없다.

하지만, 살아남은 후에도 후유증은 길게 지속된다. 살림살이를 다시 추스려 평온을 되찾고도 한 동안 멍하게 살아온 날들을 회상해본다. 과거로 돌아가 파도에 얼룩진 벽지를 뜯어내고 싶은 심정을 무엇에 비교하랴. 얼룩진 벽지도 나름대로 의미있는 삶의 일부분이었다고 재평가하기까지는 또 다시 많은 시간이 걸린다.

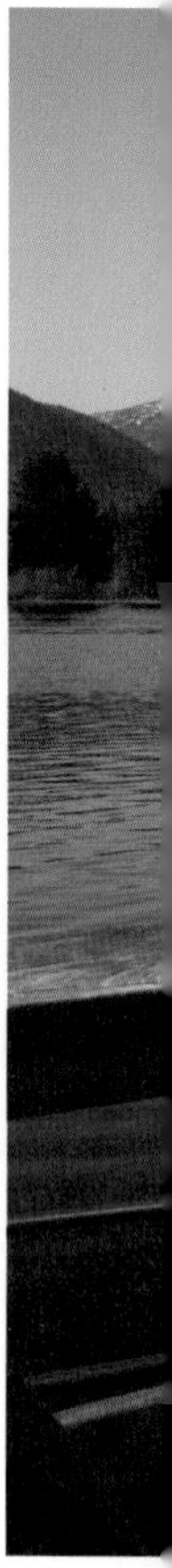

그럼에도 한 고개, 두 고개 넘고 수평선을 바라보면 파란만장한 시련도 오늘이라는 선물을 받기에 충분할 정도로 훌륭한 역을 했다고 말하고 싶다.

한 때 산간계곡에 내렸던 함박눈이 마을을 떠나 강물이 되어 바다에 이르고, 코흘리개

바닷가힐링 7, 이정연, 2008

친구들이 중년이 되어 고향바다에서 마주치는 일도 있으리라. 반가움과 어색함이 교차하면서도 서로 "살아 있네."하고 오가는 사투리 속에 다시금 어릴 적 개구쟁이로 돌아간다. 이러한 만남을 아는 듯 모르는 듯 오늘도 파도소리는 소나무숲까지 들려온다.

20

바다야 놀자

자기 방에 틀어박혀 지내는 아들을 보고 제발 밖에 나가서 놀기라도 하라고 부모가 애타게 잔소리하는 경우가 있다. 꾹 닫은 방문만 봐도 속이 답답해지고, "나 좀 혼자있게 내버려둬요.", "내가 다 알아서 한다구요."라고 외치는 자녀의 말에 부모의 한숨은 커져만 간다. 자신에게 상처를 준 세상과 단절하고 자기만의 세계에 갇혀 사는 사람을 일컫는 '은둔형 외톨이'라는 용어도 생겨났지만 그 정도는 아니더라도 소극적인 외톨이들이 많이 늘어나는 추세이다. 외톨이족은 인터넷이니 게임이니 하여 혼자서 시간을 보내고 굳이 노력해서 세상에 맞추어 살 필요를 느끼지 못 한다. 가족과도 가급적 접촉을 피하는 시간대를 골라 방에서 나오고, 밖을 나가도 늦은 시간에 야구 모자 눌러쓰고 길거리를 다니곤 한다.

그렇다고 하고 싶은 일이 없는 건 아니다. 누구나 젊은 날을 식물인간처럼 보내고 싶어 하진 않는다. 그러나 꿈과 현실 사이가 너무나 멀다고 느낄 때, 사람을 믿을 수없다고 느낄 때 자기 자신 안으로 위축되어 들어가는 행동을 보인다. 심지어는 하루 종일 밥도 안 먹고 누워만 있는 친구도 있다. 늘 소통이 중요하다고 하지만, 말한다고 해서 다 이해되는 것은 아니며 이해되었다고 해서 행동이 다 나아지는 것도 아니다.

사람과의 소통이 불가능할 때 오히려 동물이나 식물, 그리고 자연이 친구가 되어줄 수 있다. 말과 친하게 되면서 자폐증을 극복하는 사례, 유기견을 기르면서 우울증을 치유한 사례 등이 우리 주변에서도 발견되고 영화나 드라마로도 방영된 적이 있다. 방안에서 스스로를 감금하고 지내는 청소년들에게 바다여행을 보내는 프로젝트가 지역마다 열렸으면 한다. 오직 스마트폰만을 의지하는 엄지족들에게, 컴퓨터 자판만을 두들기는 거북이목에게도 아직 희망은 있다. 세상과의 끈을 잡고 있는 상태는 살아있다는 신호이다.

그들에게 '너는 혼자가 아니야.' 라고 말해주고 '같이 바다를 만나러가자.'고 알려주는 게시판이 필요하다. 우선 놀기만 해도 신진대사가 원활해지며, 밥맛이 좋고 잠이 잘 오고 생활습관이 교정될 수 있다. 생각이 굳어진 부모나 선생님, 어른들이 하지 못 할 일을 넘실대는 바다는 해낼 수 있다.

바닷가힐링 8, 이정연, 2008

그저 바다를 만나고 자신의 몸과 마음을 바다에 적시는 체험만 하더라도 처져있던 생기가 돌아온다. 푸른 하늘과 맞닿은 바다를 향해, 세상을 향해 소리쳐 자신의 힘을 느끼면서 스스로 마음의 감옥에서 나오도록 하는 일은 다른 국책사업 못지않게 중요하다. 청소년기는 추상적이고 공허한 비전을 심어주기 이전에 자신의 싱싱한 존재감을 확인하는 경험이 필요한 시기이다. 한 두 번의 좌절로 주저앉지 않도록 바다에 풀어놓고 놀도록 하자. 바다 갈매기도 친구가 되어 줄 것이다.

3장

다르게 살다

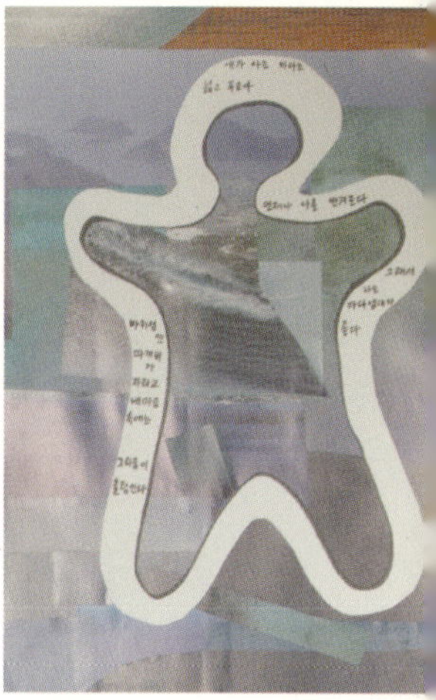

01

왜?

새우등은 왜 굽었을까? 울릉도에선 왜 오징어떼 지나간 다음에 한치떼가 올라올까? 낙지는 왜 갯벌에 살까? 그런 질문을 하면 누구도 대답하기 어렵다. 원래 그렇다고 할 뿐, 어떤 원리도 공식도 없기 때문이다. 자연은 그 자체가 질문을 허락하지 않는다. 갯벌에 썰물이 되면 늘 바지락이 지천인 바다는 더더욱 신비스럽다. 어떤 현상을 이해하기보다는 느끼기만 해도 하루 해가 가고 한 평생이 모자란다.

그렇게 많은 생명체를 안고도 바다는 버거워하지 않는다. 수많은 종의 생명체를 다 거느린다. 기후변화처럼 가뭄이나 폭풍처럼 혹독하게 생명체를 한 번씩 걷어내는 일도 없다. 플랑크톤과 해초가 작은 졸병 물고기부터 거물 물고기까지 먹여 살린다. 인간이 던진 그물에도 후하게 먹거리를 제공하고, 인간이 버린 쓰레기도 천천히 정화해간다.

삼라만상에 인과응보는 있겠지만, 단기간으로 본다면 바다는 우리에게 늘 주기만 하는 것같다. 온난화로 조류의 변화가 있어도, 예전에 비해 생선의 품종이 달라지기는 해도 수산시장에 가보면 언제나 생선이 넘친다. 예전엔 귀한 대접을 받지 못해 치자 돌림이었던 멸치, 꽁치, 삼치, 병치도 이제는 귀한 대접을 받으면서 어엿하게 좌판에 자리를 잡고 있다. 중금속때문에 작은 생선이 건강에 좋다고 하니 청어나 양미리도 대구, 광어에 밀리지 않는다. 꽃게는 왜 동해가 아닌 서해에서 잡히는 지 이유는 알 수 없어도 꽃게를 선택할 수 있는 지금이 다행스럽기만 하다.

바다는 여전히 신기한 요술램프와 같다. 바닷물의 수위가 상승하고 있다고 하지만 예나 지금이나 바닷물의 염도는 일정하고, 물고기들은 여전히 한반도 인근을 지나가며, 바다 깊은 곳은 여전히 얼지 않고 탁해지지 않고 최후의 보물창고처럼 남아 있다.

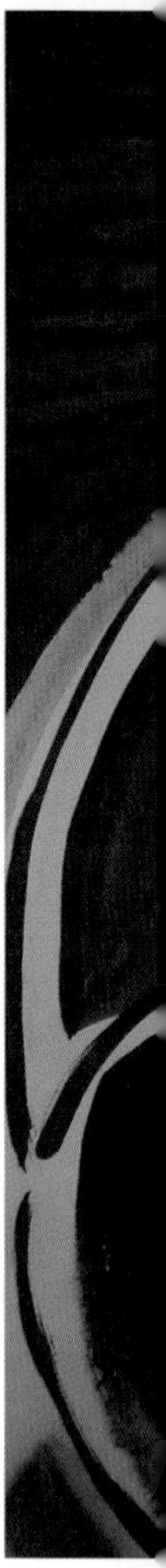

바다에게서 그런 사랑을 배우고 싶다. 변심, 변명, 배신, 몰염치, 무의미 이런 파편이 튀어나오더라도 다 안고 가는 그런 바다, 그런 사랑. 바다는 후회하지 않는다. 바다는 상황이 달라졌다고 오리발을 내밀지 않는다. 찌부리지 않는다. 힘들면 쉬었다 가지 하는 유혹도 먹히지 않는다. 늘 움직이면서도 대지를 삼키지도 않는다. 왜 그럴까?

마음그림 1, 이정연, 2005

이유는 모르지만 바다는 그렇다. 아직 나에겐 사랑할 시간이 남아 있다. 사랑하지 않을 수 없는 마지막 연인, 바다여.

02

바다 수업

바다가 만든 아름다운 곡선을 따라 연인들이 맨발로 걷는다. 태양을 두려워하지 않는 젊은이들이 넘치는 혈기를 파도에 던진다. 파도가 밀려올 때마다, 아이는 어른이 되고, 어른은 아이가 된다. 억누르며 살아온 페르소나를 벗고, 우중충한 물때를 벗긴다.

어쩌면 우리는 잠시 살다가는 플랑크톤 무리에 불과할 지도 모른다. 학창시절엔 수학의 정석을 풀고, 대학교 들어와서는 술집이 이어진 학교 후문을 들락거리고, 졸업할 때가 되면 삼성 적성검사에 매달리고, 그렇게 밀려서 밀려서 어디로 가는 지도 모르게 지나가는 청춘.

그래서인가. 용기도 배짱도 없는 소심한 사람도 해운대에 오면 억센 경상도 사투리에 섞여 목소리도 커지고, 어깨도 넓어진다. 반바지에 슬리퍼 차림. 모자도 뒤집어쓴다. 우르르 몰려다니며 오가는 말이 주로 반말이다. 그럼에도 생기와 활력이 넘친다.

그런데, 해변가에 와서도 카페에 앉아 책읽는 사람이 있다. 하긴 시간도둑으로 치면 책만한 것이 없고, 남과의 시선을 피하는 데에도 책만한 것이 없다. 벼르고 별러서 작정하고 바다여행을 와서도 반나절이 지나면 막상 할 일이 없어진다. 휴대폰과 책을 방패막이처럼 데리고 다닌다.

그런 사람들에게는 바다에 가기 전에 마음의 준비가 필요하다. 바다에 젖어 느끼고 항해하고 배를 채우는 노숙자가 될 연습이 필요하다. 나는 다소 이상한 바다수업을 생각해본다.

1교시 : 피부색을 바꾸는 심해어 따라하기, 2교시 : 꿈쩍도 안하고 바위틈에서 수많은 알을 품고 있는 어미 문어에게 경의를 표하기, 3교시 : 해파리처럼 바다속을 오르내리기, 4교시 : 모래언덕에 소금에 절여진 몸을 널어두기, 5교시~8교시 : 지구쓰레기에 책임을 느끼며 아주 작은 일이라도 하기 등등.

마음그림 2, 이정연, 2006

몸으로 익히고 몸으로 말하고 몸으로 사랑하기에 가장 좋은 공간, 모래해변. 한 열흘 그렇게 온 몸으로 바다에 딩구는 시간을 내지 못 하는 사람은 재산이 아무리 많아도 귀족이라고 말할 수 없다. '귀하는 바다를 이해하고 사랑하고 치유하였으므로 바다와 함께 공존할 자격을 부여함.' 바다로부터 이러한 자격증을 받으려면 어떻게 해야 할까? 먹고 살기에 바빠 바다수업을 중퇴한 사람은 다시 언제 자격증을 받을 수 있을까?

03

천천히 머무르기

나는 말이 짧고, 글이 짧고, 숨이 짧다. 입이 짧아서 같은 음식을 연거푸 먹지도 못 한다. 조금 더 길게 늘이려 해도 잘 안 된다. 특별히 까다롭거나 거만해서가 아니라, 천성이 듬직하지 못 하여 금새 질리고 금새 멈추고 금새 새로운 것을 찾아 다니는 것 같다.

주변엔 나보다 더한 사람도 있긴 하다. 1년을 어떻게 기다리냐고 적금을 든 적이 없다는 지인도 있고, 김치가 익으면 벌써 군내가 난다고 항상 겉절이만 먹는다는 지인도 있다. 그에 비하면 양반이라고 하겠지만, 궁둥이도 가벼워 영화관도 잘 가지 않는 성미라 스스로도 진득하지 못 함을 흠으로 삼고 있다.

그래서 신작으로 나온 장편소설을 보면 항상 감탄하게 된다. 롱테이크 기법을 잘 연출하는 영화감독도 정말 저력이 느껴진다. 더구나 한 자리에서 30년 이상 국밥집을 하는 식당주인에게는 믿음이 가고 한 수 배우고 싶은 마음이 절로 든다. 자고나면 달라지는 세태에 긴 호흡으로 승부하는 예술이나 사업은 말 그대로 존경의 대상이다.

호흡이 길기로는 자연현상 중에서는 바다가 으뜸일 것이다. 대륙도 지층 변화가 있고, 대기도 기압의 높낮이가 변하지만 바다는 늘 줄지도 늘지도 않는다. 움직이면서도 현상유지를 하는 고정된 자세. 세상살이의 변화 주기가 점점 빨라지는 현대인들이 숨막힐 때면 바다를 찾는 이유도 그러한 장엄한 항상성 때문이지 않을까 싶다. 항상 제자리에 의젓하게 듬직하게 모나지 않게 태고적부터 지금까지 자신의 존재감을 발휘하고 있다. 눈 감아도 보이는 바다는 숨가쁜 이들에게 규칙적인 리듬으로 다가온다.

배멀미를 하더라도 바다의 리듬에 익숙해지면 조급한 마음을 천천히 다잡게 된다. 배 한 가운데 갑판에 앉아 있으면 콩닥거리는 가슴을 바다의 손이 할머니처럼 지긋이 눌러준다. 새벽바다 공기는 집중이 되지않는 마음을 다스려주며, 오후의 열기가 남아있는 저녁바다는 사소한 일로 위축된 마음을 받쳐준다.

저 멀리 눈내린 겨울산을 둘러싼 바다에게서 긴 호흡을 배운다. 세상을 느리게 보는 법을

마음그림 3, 이정연, 2006

배운다. 높낮이가 없는 우정을 배운다. 말보다 긴 침묵을 담으며, 글보다 긴 무형의 메시지를 들으며, 심해의 긴 호흡을 배운다. 허점 투성이인 모습을 남에게 보이지 않으려 몸과 마음이 바빴던 나의 모습을 낙조대에 널어두고 누군가 밑도있는 붓으로 그린 구름을 쳐다본다. 예전 같으면 벌써 발걸음을 재촉하였을 시간에 가파른 절벽바위에서 고승의 옷자락을 느끼며 은은한 바다의 세계에 머문다. 오늘도 등대는 노을빛에 물든 형제섬을 바라보고 있다.

04

하트와 사랑사이

무시무종無始無終. 시작도 끝도 없이 항상 출렁이며 잠들지 않는 영혼, 바다.

바다를 마주하고도 사람들은 바다를 잊고 해변에 하트를 그린다. 가장 많이 등장하는 낙서가 사랑해 라는 글귀이다. 그토록 사람들이 사랑한다면 세상은 훨씬 더 아름다운 뮤지컬이어야 한다. 변하든 변치않든 사랑의 표현으로 소비자의 지갑을 열게하는 광고대로라면 우리는 바라보고만 있어도 설레는 감정으로 일생을 살아갈 수 있으리라.

감각적인 사랑의 파도가 지나가고 환상이 소멸한 이후에도 사랑이 존재하는 지 물결치는 바다에 물어본다. 사랑을 파먹고 사는 멜로 드라마의 주인공이어서도 아니요, 세상 근심 잊으려 사랑의 모르핀을 추구하는 나르시시즘이어서도 아니다.

쉽게 만나고 쉽게 헤어질 수 있음에도 사람들은 더 사랑을 갈구한다. 세상의 모든 아침을 함께 하고픈 사랑을 찾는다. 제 때에 사랑을 해야 아쉬움이 없는 법이다. 벌레든, 물고기든, 사람이든. 그럼에도 사랑에 대한 환상을 가지게 되면, 나이가 들어도 사랑이라는 통발에 걸려 꼼짝 못하는 절정을 경험하고픈 것일까. 미녀는 잘 생긴 야수를, 야수는 늙지 않는 미녀를 찾으면 행복하리라 믿는 건 아닌지.

산전수전을 겪은 어촌의 풍경을 마주하니, 사랑에 대해 다시 생각해보게 된다. 계절의 변화가 파노라마처럼 펼쳐지는 산의 정취와는 달리 바닷가 마을에서는 무정하고 비정한 최악의 상황을 겪은 후에도 살아나는 생명의 기운을 도처에서 만나게 된다. 가진 것을 다 걷어간 태풍앞에서도 다시 돌아와 물질하는 끈질긴 정, 너덜너덜하게 다 끊어진 그물을 다시 잇는 정, 서로 돌부처같이 대하면서도 동이 트기도 전에 고기잡이 배를 타면 한 몸이 되어 풍랑을 헤쳐가는 정.

그 쯤은 되어야 사랑이 아닌가 하고 자문하게 된다. 시적인 사랑이 아닌, 아직도 물컹하게 만져지는 김이 나는 간덩어리같아야 사랑이다. 몸서리치게 지긋지긋함을 넘어서야 사랑이다. 감각적인 사랑과 운명적인 사랑은 겪어본 자만이 손금처럼 환히 알 수 있다.

내 것인 건 하나도 없어도 더 주고싶은 사랑, 어두운 길을 돌아오는 목소리가 들려야 안

마음그림 4, 이정연, 2005

심이 되는 사랑, 밉지도 곱지도 않은 얼굴을 저 멀리서도 알아보는 사랑, 그런 사랑이 바닷가 포구에 아직도 남아 있다. '죽지 말래이, 사랑한다.' 하는 말이 몸에서 몸으로 저절로 전해진다.

05

복원 사업

인간의 지혜가 모자라서인지 넘쳐서인지 바다를 메워 간척지를 만들더니 최근에는 갯벌을 복원하는 방향으로 가고 있다. 그런데, 자연을 보호한다는 차원이 아니라 예전과 마찬가지로 경제논리가 앞장선다. 한 보도자료에 의하면 1제곱킬로미터 갯벌의 경제적 가치는 50억을 넘는다고 한다. 1980년대부터 선진국에서 일어난 갯벌 복원사업이 조만간 우리나라에서도 실현될 것으로 전망된다. 토지 보상문제로 난항을 겪고 있다고 하나, 논농사의 수익이 악화되면 갯벌복원이 대안으로 부상될 수 있을 것이다.

그러나 문제는 정책이 바뀔 때마다 생태계에는 희비가 엇갈린다는 점이다. 간척지와 관련된 농민과 어민뿐 아니라, 수질과 토양의 변화에 따라 적응해온 생물들이 또 한 번 홍역을 앓게 된다. 장기적인 검토를 하지 않고 지자체가 너도나도 선부르게 막대한 비용을 쏟아붓는 것은 아닌지 염려된다. 실개천 하나도 이유없이 형성된 것이 아니라, 그럴만한 자연의 원리에 의해 생긴다고 인정한다면, 억지로 제방을 쌓거나, 졸속으로 부수는 일이 잦아서는 안 될 것이다.

눈앞의 성과가 바로 보이지 않더라도 정책결정자들이 장기적인 안목으로 우리 국토와 해양을 관리하는 데 정성을 기울였으면 한다. 다른 나라의 성공사례를 벤치마킹한다고 해서 우리나라도 성공하라는 법은 없으며, 토지개발과 관련하여 오랫동안 잘 지내던 이웃이 원수지간이 되는 일을 더 이상은 일어나지 않기를 바라는 마음 간절하다.

한 가지 반가운 소식은 제주도가 마을어장을 시범적으로 선정하여 유기 미생물을 활용한 바다숲 살리기 사업을 본격적으로 실시한다고 하니 기대가 된다. 바다에 모판심기 작업은 마치 산에 묘목을 심는 것과 같은 에코 디자인이며 친환경산업이라고 할 수 있다. 향후 생태계도 복원되고 어민들의 소득증대에도 기여하도록 시행착오없이 성공을 거두기를 바란다.

이러한 사실을 아는 지 모르는 지 바다는 출렁이고 철새는 여전히 줄지어 날아간다. 바다에서 배울 건 한 두 가지가 아니겠지만, 가장 먼저 배울 덕목은 포용이라고 본다. 세상의

마음그림 5, 이정연, 2006

물방울을 받아들이고, 염분을 견디고, 수중생물의 생로병사를 품어 안는, 인간의 시행착오를 감내하고 바닷길을 열어주는 무조건적인 포용.

정치든, 경제든, 아니 문화예술이든 서로 작은 일로 진흙탕 싸움을 벌이고, 폭로전이나 일삼으며 지리멸렬한 모습을 반복할 때면, '바다에 다녀오세요.' 하고 말하고 싶다. 누구를 위한 개발인지, 개발이 정말 발전인지, 그리고 성장의 열매는 어떻게 나누어져야 하는지 답을 찾지 못 한다면, 분열없는 통합의 바다로 가서 한 수 배우고 오기를 권한다.

06

명품에 대하여

시장이나 슈퍼에 가면 비금도 섬초, 양구 시래기, 통영 멸치, 구룡포 과메기, 법성포 굴비라고 쓰여진 식료품을 대하게 된다. 식료품을 제대로 구입하는 사람은 반드시 산지를 확인하고 물건을 고른다. 상인의 말에 의하면 그 지역에서 시간을 들여 건조하고 수확하면 타 지역에서는 낼 수 없는 풍미를 지닌다고 한다. 지형과 햇볕, 바람, 그리고 기온의 일교차까지 여러 가지 조건이 다 맞아야 최적의 명품이 탄생한다. 이렇게 몇 대째 내려오면 지역의 브랜드가치가 정착되어 다른 지역의 경쟁자들을 가볍게 물리친다. 반건조 식품 뿐 아니라 어패류에도 산지를 그대로 물려받아 벌교 꼬막, 여수 홍합, 목포 낙지, 부안 백합, 대부도 바지락 등으로 명품 자격을 부여한다.

같은 해안가라고 해도 자연의 모든 조건이 묘하게 작용하여 이러한 명품이 탄생되는 것을 보면, 바다는 다 같은 바다, 모래는 다 같은 모래, 갯벌은 다 같은 갯벌이라는 생각을 한꺼번에 물리치게 된다. 한 가지 덧붙이면, 많이 생산된다고 하여 알아주는 게 아니고, 같은 명품이라도 어느 철에 출하되느냐에 따라 명품의 급이 달라지니, 우선 명품을 알아보는 소비자의 안목이 필요하다. 양념장이나 조리법 등은 그 다음이다.

국산인지, 중국산인지, 국산으로 둔갑한 중국산인지 구분하는 것만으로도 힘든 '피로사회'에 생선 한 마리, 나물 한 가지를 다 따지고 들면 어떻게 세 끼를 준비하냐고 하겠지만, 우리나라의 기후와 토양, 그리고 바다의 흐름이 키워내는 명품을 알지 못하고 식탐만 늘어간다면 뭔가 아쉽다.

명품이 되려면 담금질도 필요하다. 팔만대장경을 새길 경판은 산벚나무로 목재를 택하고 바닷물에 3년을 담그고. 바람결에 1년을 건조하는 과정을 거친다고 한다. 수백년 전통을

자랑하는 고택 한옥도 옛모습을 그대로 간직하는 데에는, 기둥이나 처마에 쓰이는 소나무 목재를 벌목한 후 오랫동안 바닷물에 담가 뒤틀림을 방지했기 때문이라고 한다.

구증구포九蒸九曝. 일반적으로 한약재를 만들 때 쓰는 방법인 아홉 번 찌고 말리는 것을 반복하는 전통적인 과정이 재료가 지닌 본래의 성품을 가장 잘 보존하는 대표적인 비밀인 것같다. 식품도 그러한 과정을 거쳐 갓잡은 신선한 생물보다도 더 귀한 명품으로 탄생한다. 녹차를 덖고, 육포를 말리고, 어란을 만드는 작업, 그리고 황태를 건조하는 전 과정을 보고 있노라면 이들을 단지 슬로우 푸드라고 말해서는 안 될 것같다. 말그대로 천지인天地人의 합일이 이루어져야만 최선의 상태로 완성되기 때문이다.

우리 수산식품 중 미래에 각광을 받을 명품은 무엇이 있을까? 생각해본다. 서양 사람들도 이제 김과 같은 해조류를 먹기 시작한다고 한다. 차세대 선수를 발굴하고 기르고 세계로 뻗어가도록 지금부터 섬자원을 다시 면밀히 들여다 볼 필요가 있다.

마음그림 6, 이정연, 2006

07

바다 중독

바다에 중독되면 어떨까. 잠을 자야 살고, 소금을 먹어야 살 듯이 바다를 봐야만 살거 같다면 중독으로 봐야할까. 멀쩡한 직장 팽개치고 어촌으로 내려가 낚시를 하거나, 적금을 깨서 항해일주를 한다면 중독으로 봐야할까. 바다의 중독성은 시각, 청각, 미각, 후각, 촉각 등 모든 감각을 다 끌어당긴다는 점에서 다른 대상보다 훨씬 다차원적으로 우리를 유혹한다.

어느 대상을 좋아하다보면 정도가 지나쳐 일상생활에 지장을 줄 정도로 빠져들기도 한다. 나중엔 후회할지 몰라도 그 순간만은 완전히 몰입된 상태여서 숨쉬는 것도 잊어버릴 수 있다. 게임중독이 그렇고, 성형중독이 그렇고, 일중독이 그렇다. 자기조절능력을 잃고 위태로울 지경까지 만물의 영장인 인간을 빠져들게 하는 늪이 도처에 있다. 인생의 사계절에 한 번 쯤은 어김없이 복병처럼 만나게 된다.

어느 것 하나에 한 번 빠지면 헤어나질 못하는 성향이 있다면 어떻게 해야 하는가. 매운 맛중독도 미각적 취향을 벗어나 자기학대 수준까지 올라야 더 쾌감의 절정에 도달한 듯한 성취감을 준다. 극히 이성적인 전문가는 이렇게 말할지 모른다. 중독도 선택하는 것이니, 중독의 대상을 건전한 방향으로 잘 선택하라고. 기왕이면 청소중독이나 자선중독은 세상에 기여하는 바가 있지 않을까하는 판단이 서기도 한다.

그러나, 독서중독이나 여행중독도 뇌의 상태를 비교한다면 성중독과 별반 다를 게 없다. 자신의 존재가치를 자신에게서 찾지 못 하면 늘 외부에서 자신의 의미를 찾으려하고, 그 무언가를 찾아 갈구하게 되니 밑빠진 독은 채워지지 않는다. 채울수록 결국 구멍이 커지게 될 것이다.

정작 중독의 대상은 죄가 없다. 내가 헤어나지 못하는 것이지, 매장에 나란히 줄지어 있는 술이나 담배가 무슨 죄가 있는가. 중독 경향이 강한 사람은 스스로 안전거리를 둘 필요가 있다. 폭식을 억지로 막으려면 오히려 긴장하고 긴장을 풀기 위해 다시 폭식하며 무너지는 일을 반복하게 된다. 중독이 시작될 즈음의 흔들림을 보면서 중독은 자신을 달래는 근본

마음그림 7, 이정연, 2005

적인 대책이 아님을 자신에게 알려야 한다.

그런 점에서 바다중독은 덜 위험하다고 볼 수 있다. 바다는 마약이나 도박과 달리 어느 지점이 되면 오지 말라고 거친 물살을 보내어 미리 경고하고, 알아들을 만큼 집채만한 물보라를 일으키며 방파제에 부서질 듯 철썩인다. 바다는 자신이 감당할 만큼 수확하고 돌아가는 자에게만 다음에도 오라고 반긴다. 놀기만 하는 이들에겐 짠물 세례로 정신이 들게 한다. 이쯤되면 일본 만화에 중독된 젊은이들에게 자연치유가 가능한 바다중독을 내가 은근히 권하는 건 아닌지 되돌아본다.

08

신新 어부사시사

1651년 윤선도가 지은 〈어부사시사〉는 보길도를 배경으로 지은 40수의 연시조로, 유배당한 자의 설움과 외로움으로 사무치는 시기를 자연을 관조하면서 사는 정겨운 풍경으로 묘사하였다. 지국총 지국총 어사와. 세상과의 격리된 삶을 오히려 지상낙원처럼 누리며 자신을 다스렸다.

여러 가지 일로 부대끼게 되면 하던 일 그만두고 농사나 지을까 하는 사람들이 있다. 세상살이에 오만 정이 다 떨어진 경우엔 의욕저하 상태가 되고, 그저 수많은 시선으로부터 벗어나고 싶어진다. 어지러운 궤도에서 이탈하여 칩거하고 싶은 생각이 들다가, 창문 닫고 집귀신으로 사는 것도 한계에 이르면 멀리 배를 타고 귀양가고 싶은 생각으로 가득 차게 된다.

내셔널 지오그래픽이 선정한 멋있는 절경의 순위에 오르는 해안이 아니더라도 어떠랴. 겨울 해변가를 거닐면 스스로 버려진 자의 호사를 누리게 된다. 사람의 발자국이 지워지고 밀려온 해조류도 그대로 남아 바다색을 더하는 겨울바다. 침침한 눈이 시원해지고, 옷깃을 스미는 한기도 신선하다. 수감자가 머무는 독방치고는 너무나 넓은 독방이다.

나의 내면에 숨겨진 황량함을 닮아서일까. 바람에 휘어지는 갈대숲이 끝나고, 물안개가 자욱한 산책길을 카메라의 렌즈에 담는다. 사람의 그림자가 없고 시간의 압박도 없는 한적함. 드디어 도달한 검은 퇴적암 층에 시퍼런 파도가 부딪히며 솟아 오르는 물거품에 시야가 가려진다. 내가 나인 것도, 여기가 어디인지도 별로 중요하지 않다. 억누르고 있었던 답답함이 한 순간에 사라지고, 투명한 무중력상태가 된다. 바닷가 바위에 홀로 서서 고정관념을 해체하면서 정화해가는 체험은 인간의 생명력과 신의 자비를 모두 실감나게 느끼게 한다.

만조시에는 바닷물에 잠겨있던 바닷모래와 하얀 조가비 그리고 자갈들이 맑게 씻겨진 몸을 드러내면서 바닷가는 다시 태초의 모습으로 돌아간다. 배고픔도 잊고 옷이 젖은 줄도 모르고 모랫길에 발자국을 남긴다. 부르는 사람도 따라오는 물새도 없지만 바닷물이 밀려

마음그림 8, 이정연, 2005

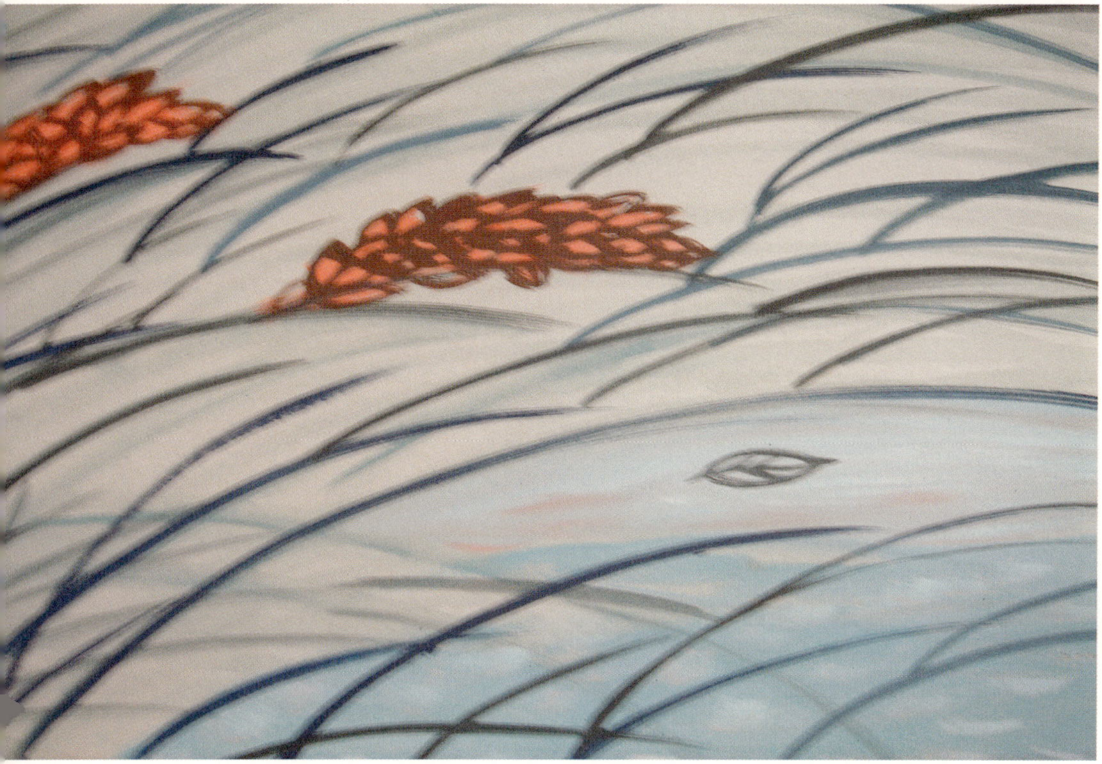

나간 여백에 살아온 날들의 습기를 널어 말린다. 괜스레 자책하고, 참고 견디느라 굳어진 부질없는 껍질들을 바라본다. 내가 나를 힘들게 하던 날의 증거들. 이제는 스르르 씻겨 내려 간다. 누군가 애써 나를 위로하지 않아도 회복되는 모습이 허공에 그려진다.

세상과의 단절이 아니라, 세상과 다시 소통하기 위하여 일년에 한 번쯤은 귀양살이를 해야겠다고 마음먹는다. 바다가 보이는 고산지대면 더욱 좋을 것이다. 사람다니는 길이 지워져도 섬초가 자라고, 갈대가 장관을 이루고 새들이 알을 낳는, 그리고 석양이 아름다운 곳. 덜어내도 슬그머니 차오르는 욕심의 끝자락에 섬이 있다.

09

바다의 시인

어려서부터 바느질하면 팔자가 사나워지고, 글쟁이는 밥벌이가 안 되고, 그림 그리면 외롭다는 소리를 듣고 자랐다. 그저 여자는 선생하는 게 무난하다는 부모님의 말씀대로 지금까지 이 길을 가고 있으면서도, 언제부터인가 취미생활로 만족하고 접어두었던 소박한 손재주, 글재주가 인생의 한 가운데로 들어와 꿈틀거린다. 주어진 여건하에서도 목마름을 해소하고자 두더지 땅굴파듯이 불쑥불쑥 언어의 바다를 헤맨다. 타고난 운명인지 제2의 운명인지 그러다 마는 건지는 알 수 없어도 이제는 말리는 사람없으니 그나마 다행이라고 생각한다. 붓과 펜을 보면 행복하다. 헝겊조각을 보면 무언가 오리고 짜깁기를 하고 싶어진다.

그러면서도 머릿속은 늘 복잡하다. 오늘은 어제에 무엇을 더하였는가. 한 줌의 시간이 흘러간 자리에 아무런 소득도 없이 하루가 지나가고, 얻음에 대하여 얻지 못함에 대하여 편안하게 받아들이지 못하는 소심한 나로서는 하루에 한 줄의 글이라도 써야 하고, 한 장의 사진이라도 찍어야 존재가치가 있고 살 맛이 난다고 자신을 밀어붙인다. 누가 시키는 것도 아닌데, 왜 나는 나 자신을 그냥 두지 못하는 가. 태어난 자리에서 천천히, 조용히, 썩어갈 줄을 모를까.

밥벌이 하느라 바쁜 일상을 뒤로 하고 가끔은 파도가 출렁이는 바닷가에서 조개껍질을 줍는 어린 아이로 돌아가 본다. 해변가를 거닐다보면 누구나 시인이 된다. 제 목소리를 마음껏 질러보고, 시간을 아무 생각없이 버리기도 하고, 오랜만에 맨발의 촉감을 느껴본다. 어리석음도 부끄러움도 드러내어서는 안 되는 기계처럼 살아온 이들이 몸과 마음을 그대로 내맡기며 귀머거리가 되기도 하고, 무국적의 이방인이 되어 배회하기도 하고, 떠날 운명이면서도 되돌아오는 철새가 되기도 한다. 하염없이 백사장에 한 두 마디의 흔적을 남기기도 한다. 언젠가 어렴풋이 빗방울 소리에도 귀기울이고, 낙엽 하나에도 느낌이 선명하게 살아나던 자신의 모습을 떠올리며 삶의 껍질 속에 무뎌진 시인의 펜을 다시 잡아본다.

바다는 우리가 한 때 시인이었음을 가슴뭉클하게 상기시킨다. 시인의 맥박이 다시 뛰는

마음그림 9, 이정연, 2006

일이 얼마만인지. 오랫동안 가슴에 남는 시는 단순하고 소박하다. 거제도와 외도, 해금강, 그리고 통영에 이르는 아름다운 남해 청정지역을 다 돌아보고 돌아오는 길, 가슴에 남는 건 청마 유치환 시인이다. 한 여인에게 4,000여통의 편지를 보낸 빨간 우체통 앞에서 이루어질 수 없는 사랑의 고통을 행복으로 절절하게 표현한 극한의 경지를 다시 그려본다. 지금까지 금밟지않고 미련하게 살아온 사람은 이제부터는 사랑을 제대로 해보면 어떤가. 살떨리게 유치하게 사랑하기. 맹목적으로 눈멀어 완전히 바보천치가 되기. 그리고 매일 사랑시를 해변에 쓰기. 바다여, 나에게 허락된 시간이 얼마나 남았는가. 바다여, 나는 아직 쓸만한가.

10

바람, 바람, 바람

가지많은 나무에 바람잘 날 없다고 하는 데 사실 바람이 전혀 불지 않는 날은 없다. 바람의 존재를 느끼든 못 느끼든 바람은 무형의 형태이면서도 방향과 속도를 지니며 불고 있다. 바다에 부는 바람은 거침없이 점점 더 세력을 키워나가기도 한다. 해면의 바람이 수심 약 100m까지도 영향을 미친다고 한다.

모래언덕을 휘저으며 시작도 끝도 없이 바람이 부는 바닷가. 일정한 방향이 없이 몰아치는 바람 속에서 몸을 가누기는 쉬운 일이 아니다. 거센 바람이 부는 방파제를 걸으며 한동안 시간의 흐름을 잊고 잠시 바람의 춤 속에 몸을 맡겨본다.

걷잡을 수 없는 바람의 자락을 그대로 휘감고 가릴 것도 숨길 것도 없는 무방비상태에 정지하기. 앞에 보이는 건 그저 망망대해. 눈물이고 땀이고 고일 틈도 없이 더 거세게, 더 거칠게 몰아치는 바람에 헝클어진 모습 그대로 정지하기. 무국적의 바람속에 젖은 몸으로 서 있어보기. 온 몸에 물기가 증발하는 순간 순간들. 작은 일에 속상해하고, 사소한 상실에 몸을 가누지 못했던 자신을 되돌아보며 억센 바람이 걷어가는 마음의 티끌들을 바라보기.

바닷가 바람은 미친 년 같기도 하고, 안주하기를 거부하는 영혼 같기도 하고, 떠도는 반란의 무리 같기도 하다. 그럼에도 그립다. 다 날려보내는 바람의 갈기 속에서 더 선명하게 뭉클해지는 생에 대한 의욕이 전신에 흐른다. 살아야겠다. 살고 싶다. 살아서 만나고 싶다.

겨울 해풍에 해산물을 널어말리는 손길에는 더 잘 살아보고 싶은 내일이 담겨있다. 예전에 살림하는 아낙네들은 따사로운 햇볕이 아깝다며 묵은 빨래도 하고, 장독 뚜껑도 열어놓고, 산나물이며 무말랭이며 저장음식을 손질하느라 바쁜 하루를 보냈다. 무상으로 제공되는 햇볕과 빗물도 귀하게 여기고 자연과 의지하며 대화하며 살아온 것이다. 그러한 살림꾼의 후예들이 바닷바람과 손발을 착착 맞춰가며 오징어, 명태, 가자미를 건조하고 매년 불어오는 태풍에 무너지는 울타리를 손질하는 삶의 현장은 다른 어떤 명강사의 성공학보다 감동을 준다.

마음그림 10, 이정연, 2006

지금껏 살아오면서 느낀 결론은 역시 헝그리 정신으로 몰입하던 도전적인 시기가 인생의 황금기였다는 생각이 든다. 깡시골에서 꽁보리밥을 먹으며 달리고 달리던 어느 마라톤 선수의 일화를 들으면 신선한 감동이 밀려온다. 보장된 미래가 없는 상태에서 우울할 틈도 없이 버티면서 피곤하지도 지치지도 않았다고 한다. 자기와의 싸움을 벌이던 시절엔 목표는 북극성처럼 빛나고, 실패는 쓰고도 달았으며, 온 몸의 남아있는 에너지를 다 쥐어짜내는 길 밖에는 다른 생존 방법이 없었으리라. 그러나 지금은 어떠한가. 먹고 살만해지면 육체뿐 아니라 정신에도 지방이 두텁게 끼는 건지 지금은 억만금을 준다 해도 그런 배고픈 치이타의 눈빛을 재현하기 어렵다.

부서져라 무너져라 해풍이 몰아치는 날, 게을러지는 정신을 후려치는 칼바람을 때로는 스스로 찾아나서기도 한다. 죽으면 다 없어진다해도 하루하루 중심을 잡아 살아야한다고 매서운 바람의 외침을 마음에 새겨본다.

11

다르게 살기

나는 서점에 가면 새로운 동네를 한 바퀴 돌 듯 여기저기 기웃거린다. 책에도 유행이 있어 한동안 가벼운 책이 많이 나오더니, 요즘은 인문학 도서들이 베스트셀러 대열에 당당하게 들어가 있다. 글은 적고 사진이나 그림이 많이 들어가 넘기기 쉬운 책들을 보면 작가와 출판사간에 타협한 흔적인 엿보인다. 버트런드 러셀은 게으름을 찬양하고 밀란 쿤데라는 무의미의 극치를 달린다.

여행관련 책을 보다가 무료해지면 나는 과대망상의 키를 누르고, 바다가 쓰는 장편소설 속으로 떠난다. 등장인물이 많고 누가 주인공인지는 알 수가 없다. 소설의 끝이 보이질 않는다. 어디까지 읽었나 접어둘 수도 없다. 적과 동지가 구분되지 않는 환타지로 가다가 노자와 장자의 문체로 바뀐다. 작가가 누구인지도 적혀 있지않다. 오늘 하루 바다가 쓰는 소설속에 유영하다보면 나는 플랑크톤처럼 작아지고 촉수만 남는다.

분노는 가볍고 슬픔은 무겁다. 망각은 하얗고 기억은 어둡다. 그리움은 둥둥 떠다니고, 더 심해로 들어가면 기존의 주인공들이 사라지고 의미들의 유희가 시작된다. "불예측성"이 명상에 잠기고, "행복"이라는 단어가 "다단계 피라미드"를 쌓는다. 그러다가 "불편한 미래"가 다가오면, "평화"가 매일 묘비명을 고쳐 쓴다. "집단지성"에게 장석주의 〈대추 한 알〉이 뿌려진다.

완전히 다르게 살고 싶은 마음이 주기적으로 반란을 일으킨다. 암처럼 나의 습관을 침범하고, 통증없이 일상을 마비시킨다. 그럴 때면 흔히 책을 뒤적이며 상상의 나래를 펴고 유체이탈하는 나를 발견한다. 하지만 피부색은 바꾸어도 피를 완전히 바꾸지 못해 바다의 밑바닥을 기어가다가 내가 쳐놓은 통발에 다시 걸려든다. 삼식이, 아귀, 물메기처럼.

그리고, 겨울바다를 미치도록 돌아다니는 바람이 그리워진다. 사진이나 그림으로는 바다의 몸통이 만져지지 않는다. 돈냄새, 책냄새를 좋아하듯이, 바다냄새가 어디선가 나는 것같아 킁킁댄다. 우아하게 살긴 틀린 운명인가 보다. 점잖게 늙는 일은 바라지도 말아야겠다. 완전 날탕인 몸을 짠물에 적셔 담벼락에 말려야한다. 속이 답답해 제 살을 뜯기 전에 더

마음그림 11, 이정연, 2006

늦기 전에.

부둣가 재래시장 좌판에 눈 부릅뜨고 시퍼렇게 살아있는 우럭처럼 바다로 떠날 생각만 하는 3류. 커피값을 모으고 파마할 돈을 아낀다. 뱃가죽에 한 3일치 생존에 필요한 기름이 차면 시동을 건다. 야간열차를 타고 새벽에 도착해야 바다의 맛이 난다. 그 다음엔 욕지도로 가든, 금오도를 가든 배편이 열리는 대로 가기로 한다. 수상가옥에 완전히 주저앉아 정착할 자신이 생길 때까지 가슴벌렁증을 이렇게라도 달래야 한다. 낡은 가방엔 책은 한 권도 들어 있지 않고, 생수 한 병과 머플러가 들어있다. 다르게 살기. 바다빛 바다로 시작하는 책이 펼쳐진다.

12

바다로 가는 화가

통영의 쪽빛 바다를 보고 있으면 바다 자체가 화가라는 생각이 든다. 바다의 찬란한 색채 유희에 동요된 예술가들도 바닷가에 눌러앉아 자신의 정열을 캔버스에 담는다. 그리고 바다는 화가의 붓터치에서 다시금 살아난다.

남프랑스 앙티브는 화가들이 좋아하는 바닷가 마을이다. 지중해의 찬란한 태양과 온화한 날씨는 인상주의의 화법을 발휘하기에 충분한 요소이다. 모네는 이 작은 바닷가 마을에서 무려 40여점의 작품을 남겼다고 한다. 피카소도 바다가 보이는 언덕에 작업실을 차리고 한동안 바다를 배경으로 한 사랑의 기쁨과 풍요로움을 〈앙티브의 밤낚시〉, 〈삶의 즐거움〉 등에 고스란히 담는다. 그들의 작품을 보면 바닷가마을 앙티브를 깊이 사랑한 마음이 그대로 느껴진다.

같은 지역, 같은 해안가인데도 모네의 바다는 모네를 닮아 있고, 피카소의 바다는 피카소를 닮아있다. 화가들은 그들만의 일방통행으로 섬과 바다를 어루만지고 혼신을 다해 그려낸다. 그들의 작품을 미술관에서 대할 때에는 그저 평면적인 작품으로 대하고 나름대로 감상하고 해석하며 통과한다. 그러나 그들이 그린 작품의 배경을 찾아가 실제로 발로 걸어보면 감회가 남다르다. 입체적이 된다. 시공을 초월한다는 느낌이 절로 든다. 화가는 여기서 어떻게 생활하며 어떤 심정으로 화폭에 담았을까 하고 작품의 색과 구성, 그리고 전반적인 이미지에 담긴 의미를 하나 하나 생각해본다. 마치 그 화가가 내 옆에 있는 듯한, 아니 화가와 나의 실루엣이 겹치는 듯한 체험까지 해보게 된다.

생전에 인정받지 못 하고, 사후에 비로소 빛을 보는 화가들이 많다. 그런 경우엔 그들이 기거하거나 사랑한 지역의 풍경이 파괴된 경우도 많다. 나중에 재현한다고 해도 어설프고 작위적인 느낌이 강해 이미 죽은 공간이 되고 만다. 후손들이 애써 지켜내는 박물관들도 지역의 관심을 받지 못하는 경우가 많다. 요즘 폭발적인 인기를 누리는 연예인들에 비하면 화가들의 퍼포먼스는 대중과의 거리가 너무나 멀다.

이러한 현상은 단지 세상의 흐름을 탓할 것이 아니라 역시 예술을 대하는 우리의 수준에

마음그림 12, **이정연**, 2005

달려 있다고 본다. 우리나라엔 모네나 피카소만한 거장이 나오지 않아 관광대국이 되지 못한다고 할 게 아니라, 내 별장을 빌려 줄테니 제발 우리 지역에 와서 마음놓고 그림을 그려 달라는 그런 후원가들이 과연 얼마나 있는지 살펴볼 일이다. 예술은 거짓말을 하지 않는다. 그들의 작품은 화가가 죽은 후에도 빛을 발하고 지역을 먹여 살린다.

우리 나라에 지중해 못지않은 풍광을 지닌 해안가가 많음에도 바다로 가는 화가는 많지 않다. 아직 이름을 얻지 못한 가난한 화가들이 언제든지 바다로 가서 마음껏 그들의 영감을 풀어내도록 돕는 노력이 전개되었으면 한다. 벽화마을 정도로 만족할 것인지, 국제적인 예술의 순례지로 부상할 것인지는 우리 손에 달려 있다.

13

블루의 모든 것

블루 회원에 가입하고 블루 진을 입고 알랭 들롱의 깊고 푸른 눈으로 지하철을 타고 블루 다이아몬드 카드로 블루 스퀘어에서 뮤지컬을 보고 앤디 워홀의 푸른 고양이를 데리고 씨엔블루의 음악을 들으며 블루 라군 칵테일을 마신다. 블루 데이.

바다에 미치면 답이 없다. 우울한 바다에 빠지면 시간이 정지된다. 새벽에 만나는 바다를 사진작가가 벗겨내고 화가가 물들이고 뮤지션이 울부짖는다. 바다는 편집되지 않는다. 몸통 그대로이다. 어떤 색이 통과해도 블루에 삼켜진다. 블루가 블루를 저격한다. 산호섬 하얀 벤치엔 하얀 구름과 교신이 끊긴 살바도르 달리가 유유히 앉아 있다.

낙타가 마지막 물 한 모금 다 들이마시는 순간, 목줄기에 타들어가는 갈망이 바닷가에 도착한다. 해일이 몰아쳐도 가뭄이 땅바닥을 갈라놓아도 섬은 떠나지 않는다. 푸른 색 외에는 본 적이 없는 아이들은 바다를 떠나지 못 한다. 바다는 뱃속에 아스피린을 넣어두고 어부들이 아플 때면 물새알처럼 풀어낸다. 그런 날엔 통발에 푸른 점박이 물고기가 잡힌다.

블루 파일에 담겨진 사람들. 새파랗게 어린 놈, 외지에서 멍이 든 놈, 청담동에서 노는 놈, 조니 워커 블루 라벨만 찾는 놈, 고독에 도취된 놈, 해운대와 송정 사이 청사포에서 남의 요트타는 놈, 푸른혀도마뱀처럼 겁이 많은 놈, 늙어도 철이 안 드는 놈.

마음그림 13, 이정연, 2006

블루족族은 붕어빵을 먹더라도 고급스럽게 먹는다. 쿠폰에 영혼을 팔지 않는다. 트렌드를 선도하지도 추종하지도 않는다. 해석한다. 복숭아뼈 보이는 바지길이를 고집하고 짧은 쟈켓에 목숨건다. 자신과 같은 블루를 싫어한다. 시끄러운 날라리는 더욱 싫어한다. 안개비가 내리면 블라인드를 친다. ABOX 혈액형이다. 세상에 없는 블루를 만들어간다.

블루의 블랙홀. 끌려가서는 안 된다. 유사한 색에 넘어가서도 안 된다. 분노의 대상이 아닌 유일한 적. 겨울바다를 찾아간 늦깎이 견습생은 기형도의 젖은 신발을 말리고 원고지에 푸른 똥을 싼다.

14

욕망의 끝

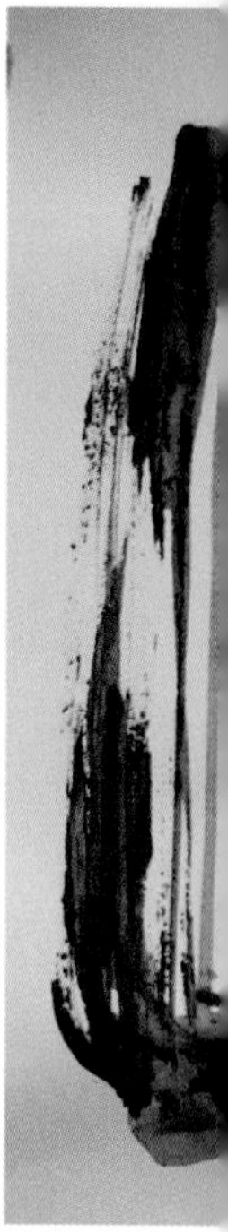

비냉과 물냉 사이에서 고민하는 욕망. 사소한 것일수록 욕망은 선택의 차원이 아니라 독점이다. 청순하고 볼륨있는 지적인 욕망은 모순과 충돌하면서도 돌연변이의 확률을 포기하지 않는다. 그리운 바다를 앞에 두고도 바다너머 그 무엇을 열망하듯이, 욕망하는 한 살아있음을 확인한다. 죽음이 가까워질 수록 욕망은 주름진 손으로 더 움켜진다.

그리고 섬이 있다. 욕망을 부추기는 섬. 고전적인 욕망에 새로운 욕망을 블렌딩하는 섬. 지친 욕망을 식혀주는 섬. 욕망에 시달리는 섬. 욕망의 발길질에 서서히 침몰하는 섬.

인간과 사물의 공존 방식은 애초부터 고민해야 한다. 굳게 지킨 경계선을 어기는 일도 허다하게 벌어진다. 밀물과 썰물은 바다에만 있는 현상이 아니다. 인간과 사물의 드나듬은 쉬지 않고 서로를 끌어내리며 모서리가 닳아진다. 자연이 변화의 임계치를 알려주지만 인간은 욕망의 위기를 알면서도 자신을 속인다.

그러면 바다는 인간을 가르치기보다 함께 겪는 것을 선택한다. 기름띠를 두르고 산성비를 맞으며 산호초가 말라죽는 것을 감수한다. 목숨을 연명하기 위해서가 아니라 더 잘 먹고 잘 살기위해 저지르는 인간의 만행을 감수한다. 그리고, 바다는 점차 인간의 욕망을 닮아간다. 인과응보의 속도는 더 빨라진다. 해변의 동백나무숲은 더 빨리 망가지고, 감성돔은 경로를 바꾸며, 조개는 진주를 품지 않는다.

인간이 가끔 제 정신을 차리고, 바다 살리기 운동을 전개한다. 공익광고에도 가끔 반성문을 제출한다. 그리고는 면죄부를 받은 것처럼 미래의 자원을 찾아내려고 혈안이다. 또 다시 해저 밑바닥까지 천공을 뚫는다. 바다를 두려워하는 건 늙은 어부들과 무당뿐이다.

그래도 바다는 아이들에게 놀 수 있을 때 놀다 가라고 푸른 등을 내어준다. 걸음마도 떼고 축구도 하라고 한다. 어깨가 넓어지면 연애도 하고 불꽃놀이도 하라고 한다.

욕망의 하수구가 다시 썩은 입을 벌리고 바닷가 모래를 삼킨다. 이제는 아이들의 놀이터 마저 돈벌이 수단으로 전락한다. 벤치마킹을 잘 못 알아들은 마을회관 어르신들이 맞장구

마음그림 14, 이정연, 2006

를 친다. 3대 커피점이 양지바른 곳을 먼저 차지하고, 그 다음엔 호프집, 그 다음엔 막창구이집으로 6개월이 멀다하고 간판을 바꿔 단다. 재래시장까지 세련되게 삐뚤어진다.

욕망은 더 새로운 것을 원한다. 알려진 해안보다 알려지지 않은 해안을 정벌하러 다닌다. 남들보다 먼저 오염시키기 위해 장비를 갖추고 선착장도 없는 먼 섬까지 들어간다. 욕망에는 눈이 여러 개 달려 있어, 금새 포식자의 입맛에 맞는 먹거리를 찾아낸다. 욕망의 언저리에는 은행과 부동산업자, 그리고 국제학교까지 들러 붙어있다. 욕망의 입장에서 보면 세상은 언제나 개화기開化期이다.

바다는 신음하지 않는다. 검은 몽돌처럼 함께 겪는 것을 택한다.

15

김씨의 하루

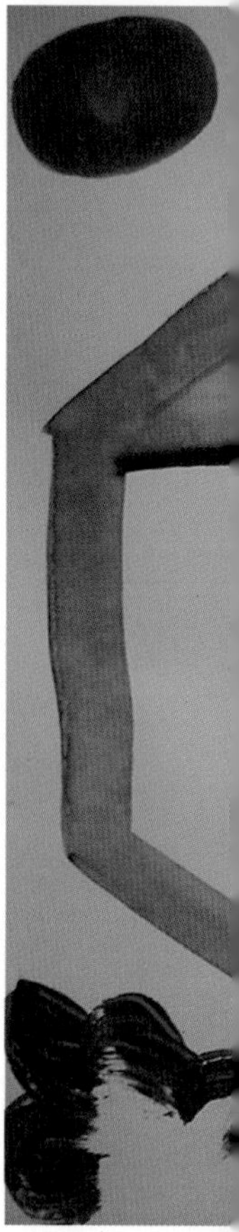

달력에 빨간 숫자와 하얀 숫자가 모두 공휴일인 김씨. 김씨가 일어나기를 참다 못한 햇볕이 김씨의 목덜미를 깨운다. 창문을 열면 바다를 건너온 황사가 바람결에 들어온다. 영어로부터 도피하다가 이젠 중국어에 당하나 하고 10년째 고민한다. 누구의 노예도 되기 싫어 배우지 않기로 한다.

태양의 반복적인 놀음에 지쳐 창문을 닫는다. 인터넷으로 바다를 검색한다. 바다 이미지가 새로 올라온 게 있나 확인한다. 그걸 기준으로 포털 사이트마다 평점을 매긴다. 사투리가 무기의 전부. 허공에 욕과 찬사를 내뿜는다.

커피를 마시면서 TV를 켠다. 해외여행 상품으로 채널을 돌린다. 집밖을 자주 나가지 않지만, 급변하는 해외에 관심이 많다. 스페인, 모로코, 노르웨이, 스웨덴을 돌고나면 어디를 가야 할지 결정해두어야 한다. 정리벽이 있어 어떤 주제를 생각하다 보면 반드시 결론이 나야 깔끔하다.

점심 식사를 했는지 기억이 안나 또 먹는다. 물을 마시는 게 정신건강에 좋은 것같아 물과 대화하며 마신다. 이제부터 바다를 관리하기 시작한다. 동해는 대왕암에서 문무대왕이 오늘도 잘 지키신다. 남해엔 이순신 장군이 2014년에 다시 살아나 명량대첩을 이끌 기세이다. 진도 앞바다는 아직도 슬픔의 소용돌이가 친다. 서해 바다엔 우리 해병과 군함이 있다. 후손을 위해 장보고 관광코스는 범위를 더 넓혀야 한다. 이제는 중국인들이 다 사들이기 전에 다도해를 순찰해야 할 차례.

오후 네 시. 쵸콜렛 먹을 시간이야. 정확한 것을 좋아하는 김씨는 다크 쵸콜렛을 두 조각 먹는다. 황사가 다 지나갈 때까지 도둑 고양이처럼 피아노에 앉는다. 평화주의자 김씨는 죤 레논의 선글라스를 쓰고 이메진을 연주한다. 가사가 너무 마음에 들어 숨이 막힌다.

황사가 가라앉은 것을 확인한 후 노을이 질 무렵 마당에 나온다. 지난 밤 돌풍에 날아간 돌멩이들을 다시 주워 지붕위에 올리고, 언제 먹을지 모를 컵라면을 미리 사두려고 편의점에 간다. 야금야금 값을 올리는 삼각김밥에 분개하며 유효기간을 확인하고 가장 핫한 컵라

마음그림 15, 이정연, 2006

면을 산다. 사람들을 피하는 건 아니지만, 사람들이 자신을 피하는 것을 용서한다.

저녁밥을 먹은 것으로 착각하고 씽크대를 정리하고 잘 준비를 한다. 강박증이 있어 바다에게 매일 문자 메시지를 전한다. 바다야 너의 푸른 피가 좋아. 너를 좋아하면서도 갑각류처럼 굴어서 미안해. 트럼펫 배워서 밤바다에서 연주하겠다는 공약을 번번히 지키지 못해 미안해. 쏘리 쏘리.

김씨는 하루가 너무 빨리 지나가는 것에 놀라면서 골패인 얼굴을 바라본다. 남은 여생은 바다가 보이는 산 속에서 살아야 할지, 산자락끝 해안가에서 살아야할지 다시 머리가 아파진다. 살아가면서 이삿짐을 최대한 줄이고 난 후 결정하기로 한다. 자기와의 싸움만으로도 지친 하루. 아베 마리아를 들으며 바다를 재우고 김씨도 잠이 든다.

16

제4의 파도

파도가 밀려온다. 하루키를 넘어선다. 또 다시 파도가 밀려온다. 자기복제에 능한 사람들이 오래 살아남는 미술계에 물보라가 친다. 잔멸치가 각광을 받는 시대가 오는 것일까? 책이 점점 시시한 것을 꼼꼼하게 다룬다. 잡지는 내용보다 화보 촬영에 전력한다. 비슷비슷해서 굳이 이름이 필요없겠다는 생각이 든다. 그냥 동대문 이렇게.

독립이라는 말도 전혀 독립적으로 들리지 않는다. 그저 아류일 뿐. 요즘 트렌드를 보면 속고 당해도 기분이 나빠지지 않을 정도의 고급 사기꾼이 나오지 못한다. 1,000만 관객을 돌파했다고 해서 다 공감하는 줄 아는 영화를 보면 불쌍한 생각까지 든다. 촉촉한 허상을 심어주지 못하면 드라마이든 광고이든 죽은 사기이다. 리얼하다고 다 자랑이 아니다. 비현실적인 그 무언가를 물안개처럼 피어나게 할 수 있어야 한다. 시청자도 좀 놀 줄 알아야 PD와 양방향으로 약간 어지러움을 동반한 사기의 쾌감을 체험할 수 있다.

파도가 밀려온다. 채널이 많아지니 전문가들이 속속 등장하고 시청자의 입맛도 점점 까다로워진다. 예전처럼 자극적이라고 해서 입질을 하는 것도 아니요, 장수 프로에도 배신을 밥먹듯이 한다. 예측하기 어려워지니 먼저 투자한 사람은 실패하고, 성공의 냄새를 재빨리 뒤따라가는 사람이 성공한다. 교과서와는 달리 무소의 뿔처럼 혼자서 간 사람이 아니라, 두리번거리는 사람이 대어를 낚는 셈이 된다. 그래서 먼저 런칭을 하려고 하지 않는다. 중소기업이 먼저 하고 대기업이 나중에 먹는다.

미래학자들이 10년 후의 파도를 연구한다. 공유경제의 바람이 분다. 그들의 연구와 관계없이 사람들은 결국은 파도를 피하는 자와 파도를 타려는 자로 나뉘어 진다. 지금은 젊은 세대들이 가능한 한 안정된 길을 택하려다 스스로 좁은 문으로 몰려들고 결국 주저앉는다. 수업료만 내고 스스로 방울을 달고 돌아다니지만 남의 먹잇감으로 끝나는 장기침체를 그저 바라보고만 있다. 사회정의가 살아있고, 대법관이 반듯하며, CCTV가 잘 돌아가는 데도 누가 밀어서가 아니라 스스로 추락하는 사람들이 있다. 파도를 피하는 자에게는 작은 파도도 무서운 법이다. 요즘은 젊은이들이 빨리 늙는다.

마음그림 16, 이정연, 2005

두서없이 밀려오는 파도를 전방위로 막아낼 재주는 없더라도, 갓난 아이가 해내는 일 정도는 해내야 한다. 울면서 태어나 웃으며 자는 신생아를 보라. 눈을 뜨지 못해도 어미쪽으로 방향을 잡는 어린 생명의 직관을. 배운 적이 없어도 수영하는 생명의 힘을. 자고나면 쑥쑥 크는 생명의 기적을.

먹고 숨쉬는 데에는 돈이 얼마 들지 않는다. 벌벌 떨지 말 것. 태풍에 깡그리 날라간 황무지에서도 며칠 후엔 푸른 생명체가 다시 움트는 드라마를 보게 될테니. 속이 텅 비었을 때 가장 맑은 소리를 내는 북소리를 들어보자. 우리 중에 누군가는 스스로 제4의 파도가 된다.

17

재능기부 해양인

21세기는 신해양시대라고 한다. 자신의 정체성을 찾는 여러 가지 개념 중 서울 깍쟁이, 전라도 개똥쇠, 경상도 문둥이 대신 시야를 넓혀 해양인으로 자신을 부르는 일이 어울리는 시대가 온 것이다. 해양영토에 관심을 두고 바다에서 일과 휴식을 취하고, 인간과 바다를 위하는 가치관을 가진다면 가히 해양인이라고 할 수 있다.

정치적으로 그리고 경제적으로 섬과 바다에 자원개발을 위한 투자가 이어지고 있으나, 나름대로 해양인으로서의 권리와 의무를 생각해보게 된다. 지속가능한 바다를 위한다면 누구나 한 가지씩 재능기부를 하면 어떨까? 예를 들면, 가보고 싶은 섬 사진 찍기, 바닷가에서 하루 한 곡 연주하기, 외딴 섬 방문하기, 조개껍데기로 벤치 만들기 등등. 그 이상의 생각이 나지 않는다면? 더 나올게 없다면? 그건 자신을 너무 과소평가하고 체념한 것이다. 우리는 자신이 생각하는 것 이상으로 무한한 상상의 바다를 지니고 있다.

무에서 유를 창조한다는 말은 원천적으로 맞지 않는다. 완전한 무는 없기 때문이다. 살아오는 동안 경험한 모든 지식과 정보가 몸과 마음에 저장되어 있으므로 우리는 엄연히 유의 상태인 것이다. 현 시대에 필요한 답을 찾는 것은 저장되어 있는 저장고의 내용물을 재구성하면서 새로운 실핏줄로 연결하다보면 하나의 아이디어가 떠오르고, 수십 번의 시행착오를 거쳐 완성도 높은 결실로 나아가게 되는 것이다. '머리를 쥐어짠다'는 표현은 그래서 무에서 유가 나오는 게 아니라 '오래된 유'에서 '새로운 유'가 나오는 과정을 말한다고 볼 수 있다.

해양인은 자신의 상상의 바다를 먼저 인정하고, 더 나은 해양시대를 만들기 위해 창의적인 재능기부를 습관화할 필요가 있다.

모래해변에 농기구나 빗자루로 대지미술을 하는 샌프란시스코 출신 안드레 아마도르

마음그림 17, **이정연**, 2006

Andres Amador는 해변에 아름다움을 더하는 작업을 친구들과 연속적으로 해내고 있다. 파도에 지워져도 별로 신경쓰지 않는다고 한다. 모래해변을 캔버스삼아 또 다른 작품을 그려내면 되니까. 멸종위기의 수중생물들을 위해서 또는 적조현상이 있는 연안 바다를 위해서 매일 글이나 사진이나 남기는 일도 위대한 일이다. 하려고만 생각하면 할 수 있는 재능기부활동이 무궁무진하다.

병마에 시달린 모딜리아니는 젊은 나이에 요절하였으나 그가 그린 여인의 초상화를 보면 눈동자없는 푸른 눈은 우수어린 바다를 연상하게 한다. 인간의 고독과 슬픔을 애잔하게 표현하는 데 바다의 에스프리를 담았다는 점에서 그 역시 바다를 사랑하고 기억하며 살았다고 보여진다. 해양인으로 살아가기. 그리고 재능기부하기. 또 하나의 삶의 방식이 우리 앞에 놓여있다.

18

약속

30년 전, 나는 혜산 박두진 선생의 칠순 기념시집 〈별들의 여울〉에 서툰 시를 올린 적이 있다.

우울한 돌이 박힌/ 입술위에서/ 새벽이 증발하고
시작도 끝도 없는/ 푸른 침묵/ 썰물처럼 뭍으로 가는 / 아이들과/ 독하고 쓸쓸한 맛의/
슬픔을 쪼아먹는 새 떼
물의 언어 바람의 언어를/ 귀에 담고/ 날개를 태우며/ 나는 여기에 남아/
절망에 익숙한 / 파도 소리를 듣는다
석양이/ 군데군데 뚫린 하루를/ 메워 닫으면/ 자유도 휴식도 아닌/ 잠 속의 /
사막을 걷는
누구도 누구를/ 위로할 수 없을 때
습기가 바위를/ 단절이 의미를/ 키우고 있다

제목인 〈섬〉인 이 시는 등단한 지 얼마 안 되어 정말 초년병일 때 쓴 다섯 편의 시 중 하나이다. 지금 읽어보니 부끄럽기 짝이 없고, 급히 쓰느라 오자도 군데군데 있어 이제사 바로잡는다. 그래도 그 나이에 서울토박이가 관념적이나마 섬을 자신의 안으로 끌어들여 표현했다니 대견하고, 항상 군더더기가 없는 알베르토 자코메티가 되고자 했던 흔적을 조금이라도 엿볼 수가 있어, 나의 방향성이 드러나는 글로 여겨진다.

그 후 나는 성장이 정지된 채 30년의 세월을 보냈다. 이만큼도 고독한 정신이 들어있는

마음그림 18, **이정연**, 2006

시를 쓰기 어렵고, 그저 허전하고 늘어지는 글만 넋두리처럼 나오게 된다. 심연에서 치열하게 버티는 맛을 상실하였다. 섬으로 남지도 못 하고, 세상의 물결에 매끄럽게 적응하지도 못 하는 어설픈 상태. 그게 나다.

언젠가는 내가 가는 섬마다 정식으로 헌정하는 시를 쓰리라. 내가 좀더 영글고 좀더 낭랑해져 초롱초롱한 문체로 새로 한지를 바른 문에 비치는 달빛처럼 고운 시를 쓰리라. 너무 아름다워 차마 그리지 못하는 미인처럼 멀리 두고 시를 쓰리라. 숙제를 하지 않으면서도 괴로워하는 수험생의 심정으로 이런 다짐을 해본다. 언제까지 유효하게 나의 심장을 두드릴지는 모르나, 나는 나의 소임을 다하고 싶다. 동백꽃 떨어진 자리에 뒤돌아서면 그만인 그런 사람은 아니라는 증거를 남기고 싶다. 모래해변이 내려다 보이는 작은 집을 빌려 밤사이 쓴 글을 하얀 빨래처럼 널어 놓고 살고 싶다.

19

치명적인 매력

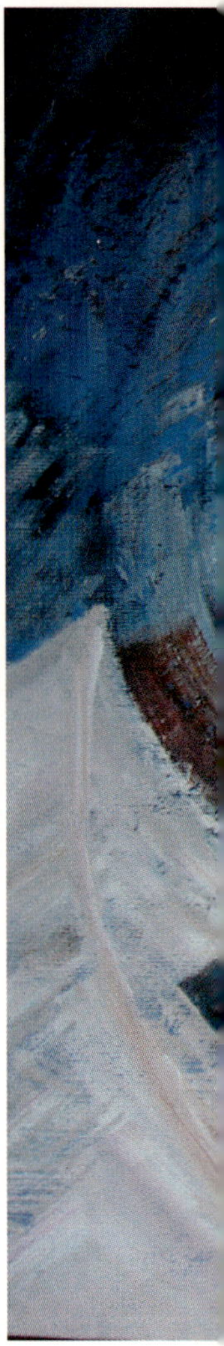

언제부턴가 남들처럼 그림이나 사진을 더 좋아하게 되고, 나중에는 사진이 더 많은 분량을 차지하는 포토에세이에 친근해졌다. 요즘은 여백의 미를 강조하는 미니멀리즘, 글이 몇 줄 안되는 그런 잡지가 늘어난다. 무엇을 설명하거나 전달한다기보다 그저 느낌에 가깝다.

고등학교 다닐 때 미술 선생님이 한 분 기억난다. 대체로 자상하면서도 신비롭기는 드문데 그런 매력을 지니셨다. 이국적이고 실력있고 조용한 분. 우리 또래들이 생각없이 그린 그림을 존중해주고 진지하게 의견을 더해주셨다. 정확한지는 모르겠지만, 선생님이 제자와 결혼하고 강원도 폐교에서 작업에만 몰두한다는 소식까지만 동창들에게 간간히 듣다가 잊혀졌는데, 최근에 어느 미술관에서 그 분의 전시회가 열려서 나는 여고생으로 돌아간 기분으로 선생님의 작품 앞에 서게 되었다.

예전의 칼칼한 목소리로 자신의 작품 세계를 설명하는 동영상을 대하니, 수십 년이 지난 지금에도 여전히 이국적인 모습으로 다가와 정말 다른 별에서 사는 사람같이 여겨졌다. 직접 만나지 않아도 나는 이미 화가의 분위기 속에 들어가 있어 가슴이 벅차고 눈시울이 뜨거워졌다. 자신의 천재성을 고독 속에 잘 다루고 있는 자세가 그대로 느껴졌다. 흐트러짐이 없는 순수함과 세상을 보는 올곧은 시선을 나이가 들어도 그대로 유지한다는 것은 거의 수도자에 가까웠다.

이 세상에 그 분의 작품 세계를 아는 사람보다 모르는 사람이 더 많은 사실에 화가 나고, 평면적으로 설명하는 도슨트에 화가 나고, 사진을 찍는 것 외에 내가 할 수 있는 일이 아무것도 없다는 데에 화가 난다. 눈물이 솟고 무력해진다. 다가갈 수 없을 때 좌절하는 발걸음은 땅을 딛는 느낌이 나지 않고 무겁다.

나에겐 너무 큰 섬이다. 너무 난해한 세계, 다 갖춘 자의 고독이 주는 치명적인 매력. 그 동안 세워두었던 나의 일상적인 계획은 그 자리에서 무산된다. 내가 어떻게 하면 그 분

마음그림 19, 이정연, 2005

을 좀더 깊이 이해할 수 있을까에 몰두한다. 그분을 표현하는 격에 맞는 단어 하나도 잘 고르지 못하는 내 수준에 스스로 위축된다.

신성한 거리감. 내 마음속에 자리한 육지섬. 영혼의 격차로 인해 가까이 있으면 숨게 된다. 멀리서 바라보면 오히려 같은 공간에 있는 듯한 착각을 하게 된다. 아무도 없는 전시회 마지막 날, 겁쟁이인 나는 문득 행복의 밀도를 느끼게 된다. 안전하면서도 숨막힐 듯 행복하다. 때로는 닿을 수 없는 섬과 섬 사이의 거리를 나는 사랑한다.

20

그리고

프랑스와즈 사강씨, 안녕하세요 죤 레논씨, 안녕하세요 로버트 레드포드씨, 안녕하세요 이름 어려운 메릴 스트립씨, 안녕하세요 제 젊은 날의 다락방에 같이 있어주셔서 감사해요 한 번도 만난 적은 없지만 작품을 백 번도 더 읽고 듣고 가슴에 담았어요 지금도 휴대폰에 고스란히 간직해요 자폐끼를 용서하세요 팬클럽은 어색해서 못해요 정말 새로운 사람 사귀기 어렵고 스릴과 서스펜스도 따라가기 어려워요 형편이 조금 나아지면 다도해 앞바다에 선생님들을 초대하고 싶어요 테라스가 넓은 집을 짓고 비싼 오디오와 대형 TV를 설치하고 가슴파인 헐렁한 흰 옷을 입고 와인 한 잔 하며 석양이 지는 바다를 함께 보고 싶어요 그런 날이 올까요 바다가 사라지지 않으니 그런 날이 올테죠

종종걸음으로 여기까지 왔다.

무엇으로도 나는 나를 채울 수 없다는 걸 안다. 이중섭의 아이들, 장욱진의 집, 김환기의 달항아리, 그리고 박수근의 빨래터와 같은 응축된 대상을 아직 찾지 못하고 담아내지 못하였다. 그저 바닷가를 걸으며 내 안의 조절되지 않는 열기와 한기를 달래보곤 한다. 햇살 멍석을 깔아놓은 들판. 최욱경의 불꽃이 그려진 광목천이 너른 들판에 펄럭인다.

천재는 외롭고 주변의 사람들은 불편하다. 앞서 나서지 않고, 함께 비빔밥이 되고, 쉽게 넘어가고, 붙임성이 있어야 진실도 살아남는다. 만나기 싫어도 만나야하는 사람들과, 꿈에서라도 보고싶은 사람들 사이에서 도시의 인파는 넘실댄다. 그럼에도 서로 추구하는 진리는 충돌하고 멀어지고 혼탁해진다.

마음그림 20, 이정연, 2005

하나의 물결이 또 하나의 물결을 잉태하는 망망대해. 거북이 한 마리 돌부처를 업고 헤엄친다. 불거진 툭눈으로 산호초를 깨우고 세상의 그물 조롱하듯 깊은 침묵 속으로 헤엄친다. 밤낮으로 거친 풍랑. 요절한 화가의 가슴 한 가운데 헤엄친다. 섬의 끝자락 기억을 더듬어 나룻배 삐그덕 노젓는 소리. 바다에 널린 욕설 주워들으며 급류를 타는 물고기. 퇴화해버린 꼬리. 잠시 세상밖으로 솟아오른다. 느려진 지느러미가 제 몸을 어여삐 감싼다.

밤바다가 나의 그림자를 천천히 씻어내린다.
사람 사는 곳엔 눈물바다, 웃음바다. 저 하늘엔 구름바다.

바다이야기는 끝나지 않는다.

2부

바다에 적은 시

01

벙어리꽃

외로울 때
꽃을 산다
노란 색 흰 줄기
슬픔이 새어나가지 않게
유리창을 닫는다
살면 얼마나 살고
괴로우면 얼마나 괴롭겠는가
소리지르거나
술에 취할 줄도 모르는 벙어리꽃
그렇게 시를 적는다
가슴엔 언제나
출렁이는 바다가 있으니

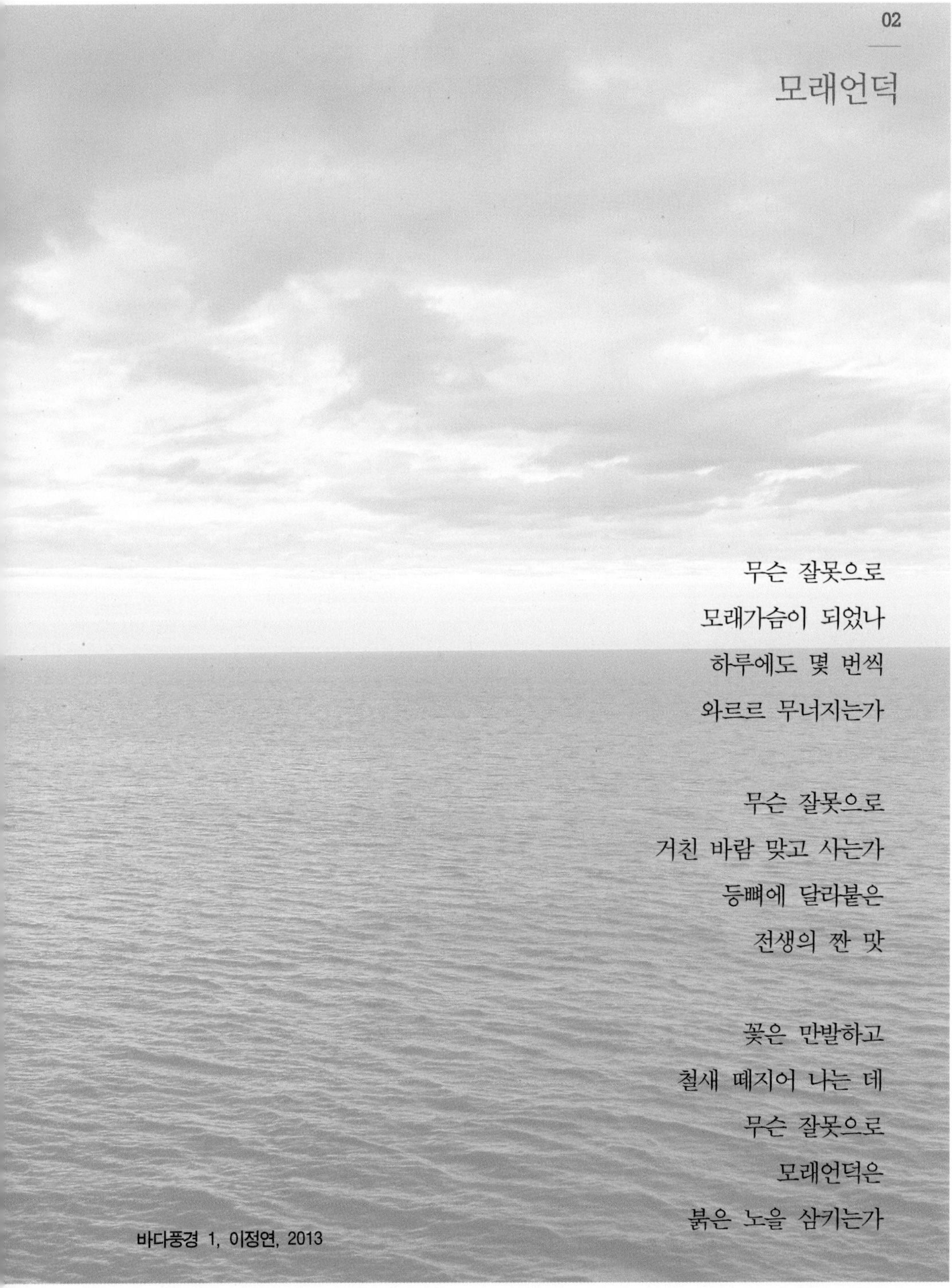

02

모래언덕

무슨 잘못으로
모래가슴이 되었나
하루에도 몇 번씩
와르르 무너지는가

무슨 잘못으로
거친 바람 맞고 사는가
등뼈에 달라붙은
전생의 짠 맛

꽃은 만발하고
철새 떼지어 나는 데
무슨 잘못으로
모래언덕은
붉은 노을 삼키는가

바다풍경 1, 이정연, 2013

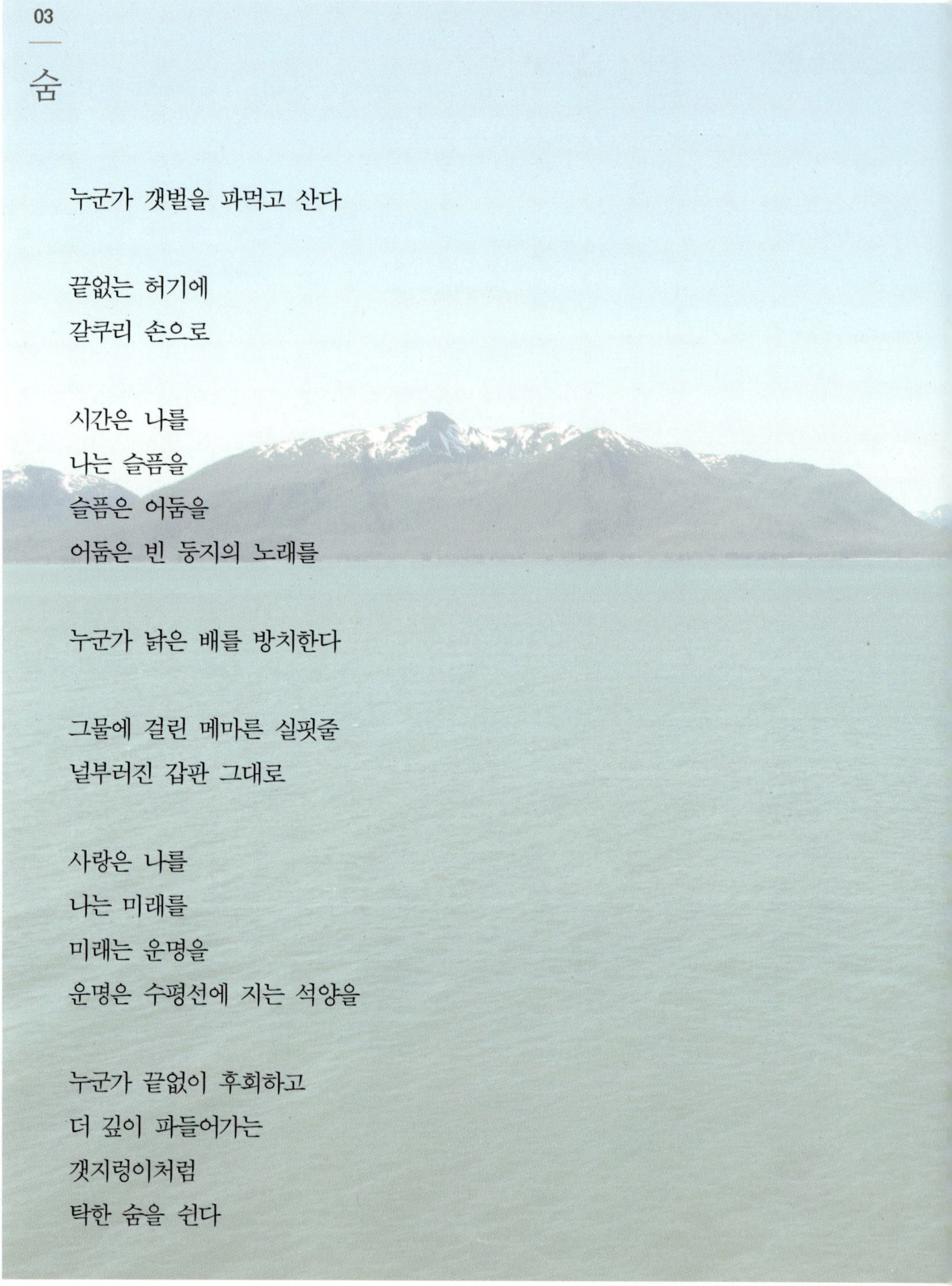

03

숨

누군가 갯벌을 파먹고 산다

끝없는 허기에
갈쿠리 손으로

시간은 나를
나는 슬픔을
슬픔은 어둠을
어둠은 빈 둥지의 노래를

누군가 낡은 배를 방치한다

그물에 걸린 메마른 실핏줄
널부러진 갑판 그대로

사랑은 나를
나는 미래를
미래는 운명을
운명은 수평선에 지는 석양을

누군가 끝없이 후회하고
더 깊이 파들어가는
갯지렁이처럼
탁한 숨을 쉰다

04

부름

잠결에
사랑해 라고 말하면
그래요 라고 들린다

바람결에
여기 라고 말하면
알았어요 라고 들린다

바닷속 동굴에
천년된 사랑이 있어

붉은 게가 떼지어 기어간다
햇볕에 그을리며
절벽아래 철철 이어간다

바다풍경 2, 이정연, 2013

05

코다리

내장 다 빼고
겨울철 찬바람에 꾸덕꾸덕
네 마리씩 한 코에 꿰어
코다리 코다리 사려
확성기단 트럭이 지나간다
생선대가리도 없어서 못 먹고
쓴물 단물 다 빠진
시절을 버텨 온 입맛엔
꼬들꼬들 코다리찜
비린내 나지 않는
벼슬없는 생선이
제일 좋구나
모든 액을 물리친 듯
명줄이 길어진 듯
몸이 개운하구나
내가 부모님 나이되어가니
코다리 걸어두고
심심하면 한 번씩
겸상에 올린다

06

해삼멍게

카바이트 불빛아래
오들오들 떨며
옷핀에 찍어먹던 해삼 멍게
초장맛으로 먹었는지
배고파 먹었는지
기억의 불빛은 희미한데

요즘은 양식이 된다고 한다
깊은 바다 바위틈에 노닐던
촉수는 어디가고
해삼 멍게가 계절없이
망태기에 실려온다

가난의 향기도
바다의 향기도 나지 않는
요즘 우렁쉥이
사람들은 소주에 안주삼아
70년대 뒷골목
습관처럼 들어간다

바다풍경 3, 이정연, 2013

07

갈매기

사람냄새 길들여진 갈매기는
뚱뚱해서 잘 날지 못한다

날지 않고 걷는다

사람처럼 모이고 사람처럼 싸운다

알아듣는 척하고
먹이만 주워 먹는다

바다끝까지 갈 생각을 하지 않는
어반 스타일

주말이면 유람선에
끼룩끼룩 모여든다

08

바다향

그냥 두세요
내 슬픔은 나의 것

잊으려해도
고통은 줄지 않으니

가수는 노래하고
영화가 펼쳐지듯

잠시 행복하게 행복을
꿈꾸었을 뿐

철없이 늙은
거북손

그리움에 찔끔
눈시울 적시면

맑은 하늘길
바다향이 묻어오네요

바다풍경 4, 이정연, 2013

09

태종대앞바다

지루한 싸움은 정말 지루하다 평화가 그렇듯이
권태를 삼키고 후려칠 때가 멋있는 태종대 앞바다
시간을 조금 버린 다해서 아까우랴
설익은 우정도 무거운 책임도
암벽에 몰아치는 파도에 떼어주고
목소리 잃은 새 한 마리
생과 사의 어지러움을 견딘다
거저 얻는 행복은 정말 재미없다 불행이 그렇듯이
어떤 결말에도 물러서지 않는 태종대 앞바다
정열을 조금 훔친다 해서 두려우랴

10

복길리 마을

닭이 운다
일어나 아침에 내가 알을 낳았어

개가 짖는다
이 동네 들어오면 나에게 먼저 인사하슈

꽃이 핀다
봉긋한 가슴 가장 예쁠 때 만나요

나무가 말한다
애들아 그만 놀고 어서 집에 가야지

새가 노래한다
조금만 더 가자 보리밭 너머 바다가 보이지않니

구름이 말한다
약간 가려진 게 멋있지

돌멩이가 구른다
여기 느린 햇살이 제일 좋아

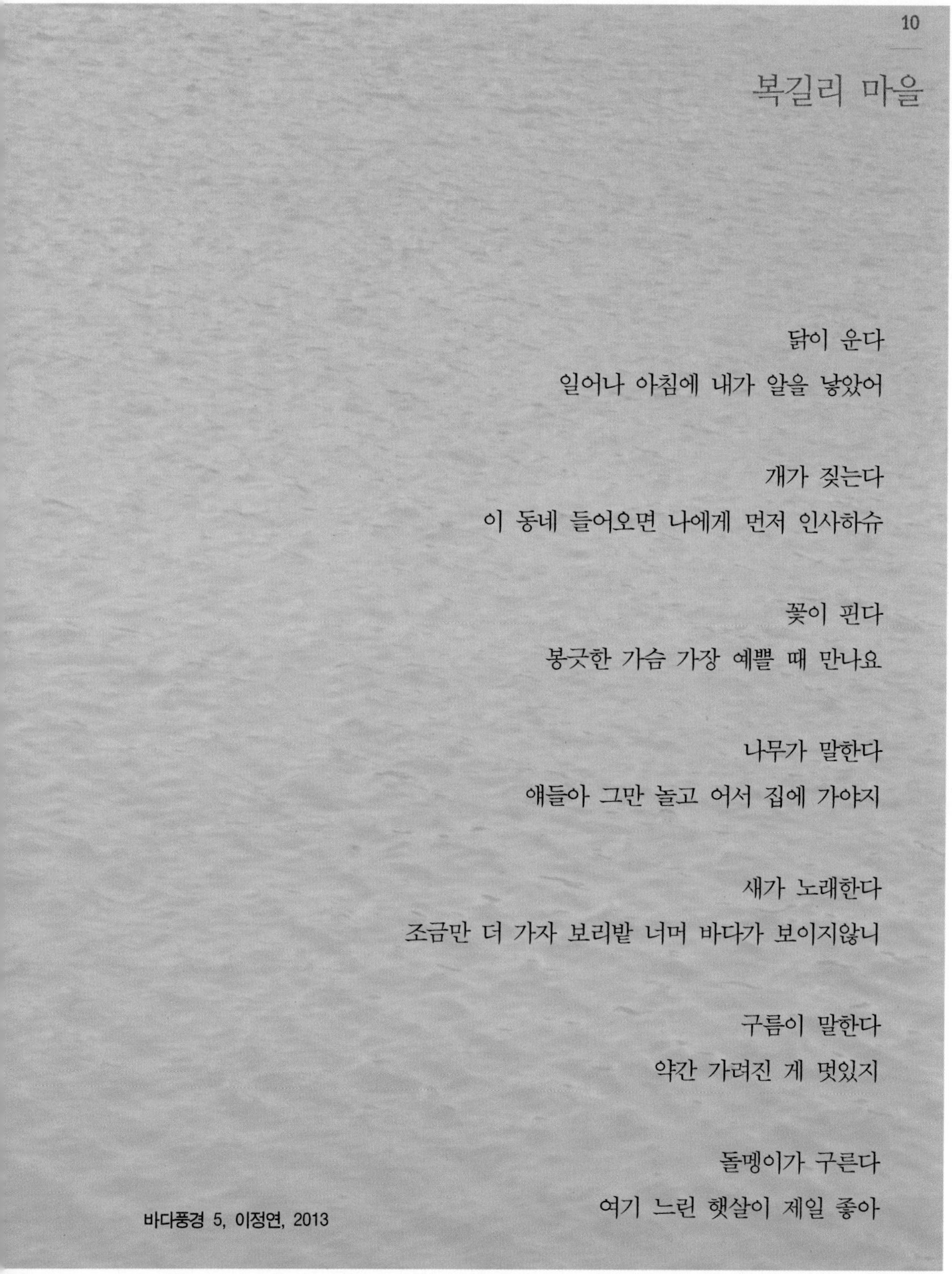

바다풍경 5, 이정연, 2013

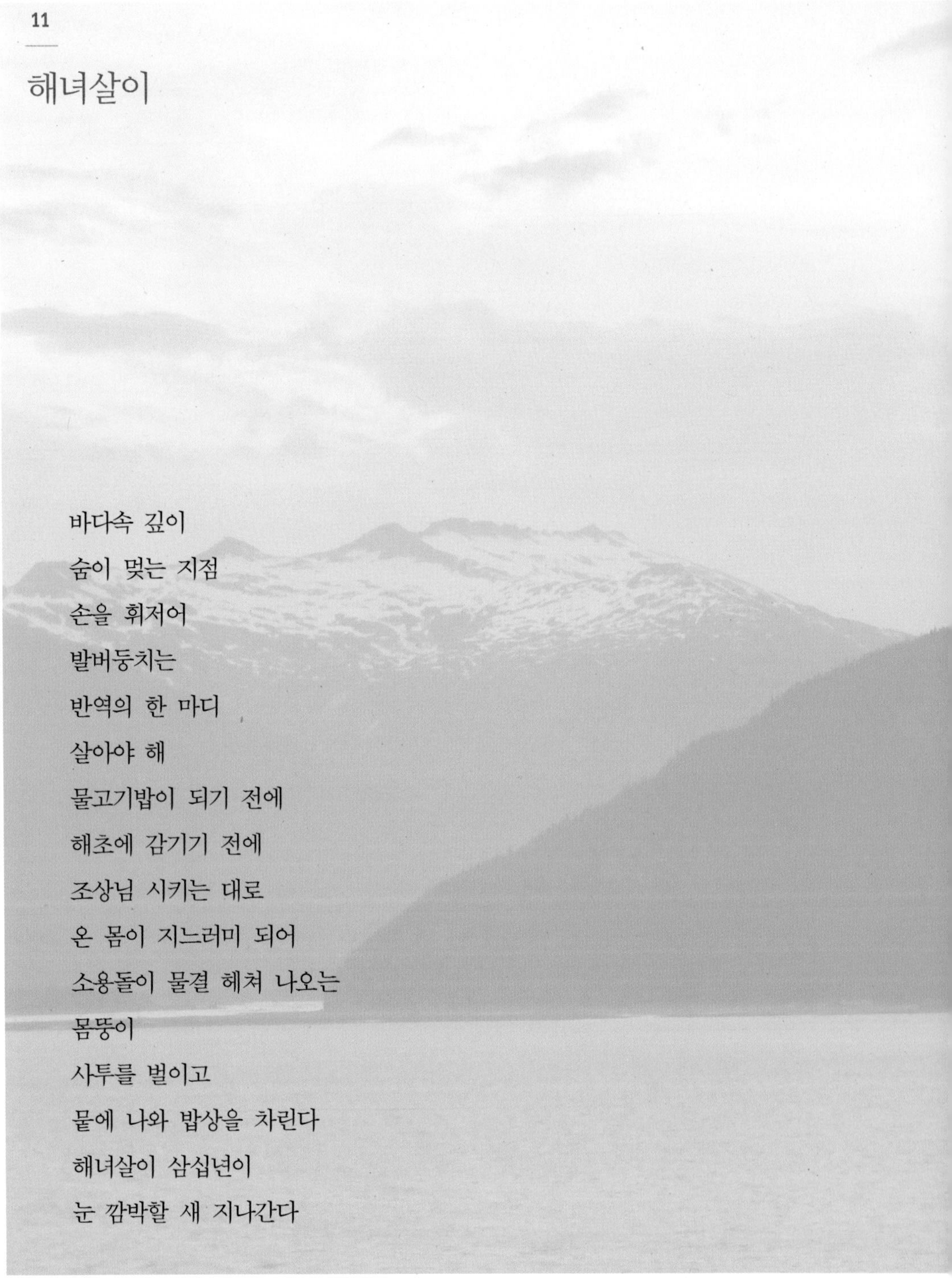

11

해녀살이

바다속 깊이
숨이 멎는 지점
손을 휘저어
발버둥치는
반역의 한 마디
살아야 해
물고기밥이 되기 전에
해초에 감기기 전에
조상님 시키는 대로
온 몸이 지느러미 되어
소용돌이 물결 헤쳐 나오는
몸뚱이
사투를 벌이고
뭍에 나와 밥상을 차린다
해녀살이 삼십년이
눈 깜박할 새 지나간다

12

바닷가 글쟁이

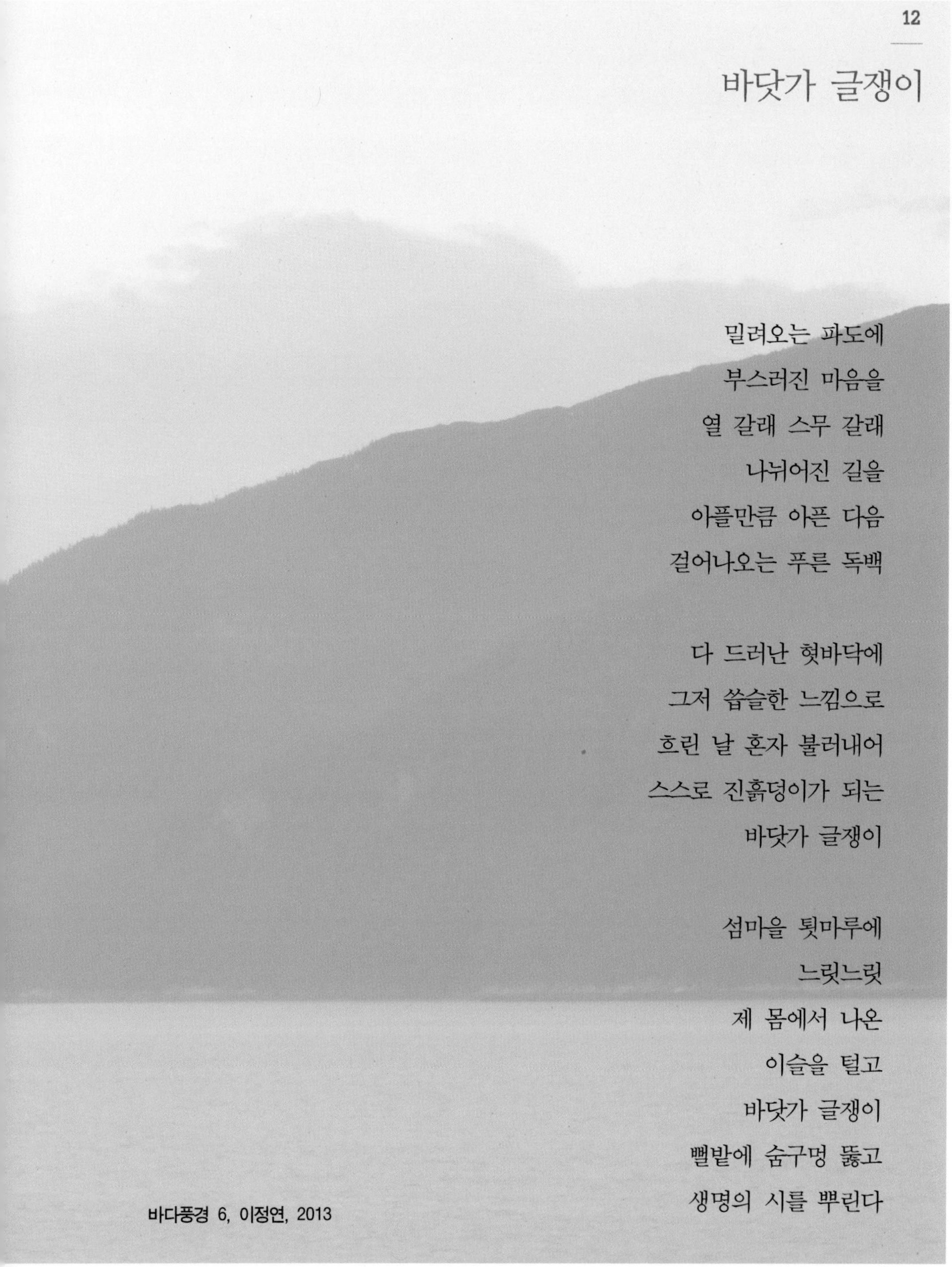

밀려오는 파도에
부스러진 마음을
열 갈래 스무 갈래
나뉘어진 길을
아플만큼 아픈 다음
걸어나오는 푸른 독백

다 드러난 혓바닥에
그저 씁슬한 느낌으로
흐린 날 혼자 불러내어
스스로 진흙덩이가 되는
바닷가 글쟁이

섬마을 툇마루에
느릿느릿
제 몸에서 나온
이슬을 털고
바닷가 글쟁이
뻘밭에 숨구멍 뚫고
생명의 시를 뿌린다

바다풍경 6, 이정연, 2013

13

그 여자의 풍경

언제부턴가
무화과 맛에 길들여져
느릿느릿 역주행
억새밭 사면초가에서
즐겁게 살았다
부지런한 손 하나 믿고
꾸덕꾸덕 근심을 말리고

꽃대 올라오는 화분
솜털 묻은 갓난 아이
물기 터는 강아지
그들을 품에 안고

이만하면 괜찮은 인생
넘치는 술잔
초의선사 탄생지에서
압해도 바라보며
물 한 모금이면 족한
화초를 키운다

바다풍경 7, 이정연, 2013

14

여행

저 푸른 바다
청명한 하늘을 두고도
외로운 이가 있다
저 멀리까지 넘실대는 보리밭
넉넉한 산언덕을 두고도
길 떠나는 이가 있다

타고난 가난인가
지우지 못할 그리움인가

꽃들은 왜 피고 지는 지
바람은 어디서 불어오는지
아무도 가르쳐 주지않는 길에
더 깊어지는 숨결
더 안으로 숨는 불꽃

지도에도 없는 섬
해안절벽에 파도가 친다
미치도록 생생한 미소가
하얗게 부서진다
그렇게 지나간다
그렇게 하루가 지워진다

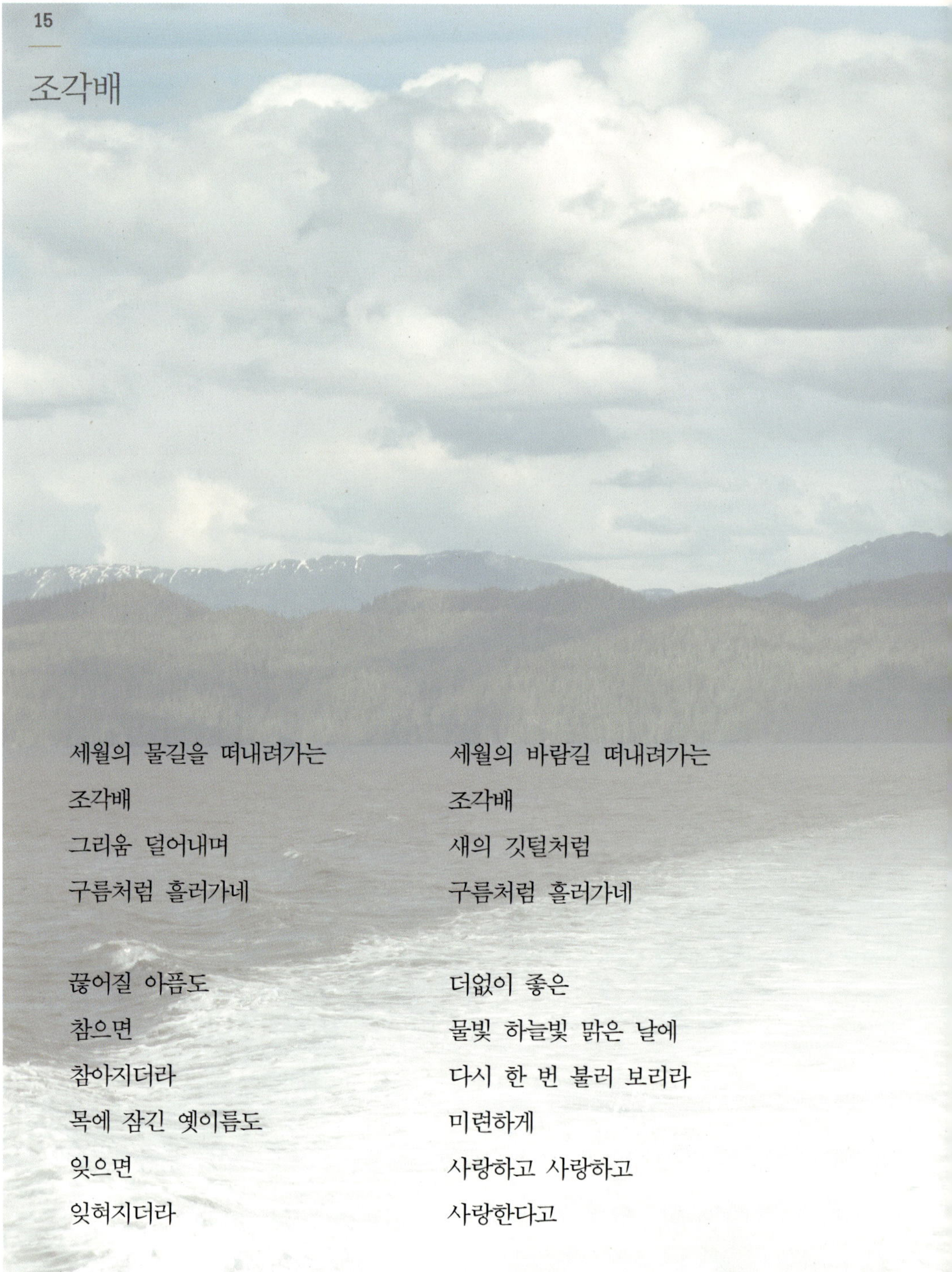

15

조각배

세월의 물길을 떠내려가는
조각배
그리움 덜어내며
구름처럼 흘러가네

끊어질 아픔도
참으면
참아지더라
목에 잠긴 옛이름도
잊으면
잊혀지더라

세월의 바람길 떠내려가는
조각배
새의 깃털처럼
구름처럼 흘러가네

더없이 좋은
물빛 하늘빛 맑은 날에
다시 한 번 불러 보리라
미련하게
사랑하고 사랑하고
사랑한다고

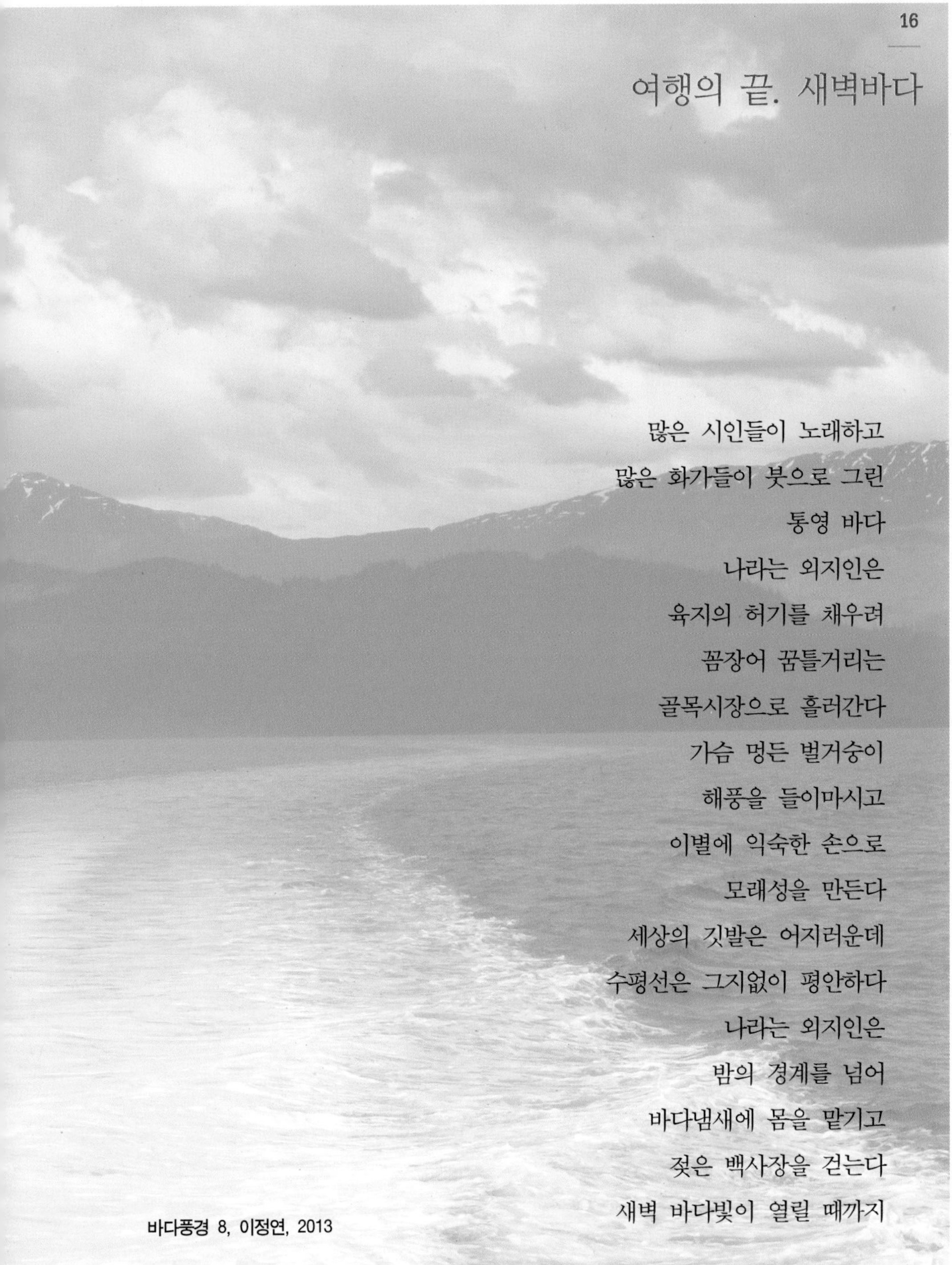

16

여행의 끝. 새벽바다

많은 시인들이 노래하고
많은 화가들이 붓으로 그린
통영 바다
나라는 외지인은
육지의 허기를 채우려
꼼장어 꿈틀거리는
골목시장으로 흘러간다
가슴 멍든 벌거숭이
해풍을 들이마시고
이별에 익숙한 손으로
모래성을 만든다
세상의 깃발은 어지러운데
수평선은 그지없이 평안하다
나라는 외지인은
밤의 경계를 넘어
바다냄새에 몸을 맡기고
젖은 백사장을 걷는다
새벽 바다빛이 열릴 때까지

바다풍경 8, 이정연, 2013

17

바다일기

그리우면 바다를 본다
배고프면 바다를 본다

바다에 적는
젊은 날의 일기

외로우면 바다로 간다
잠이 깨면 바다로 간다

바다에 묻는
늙으막 일기

지워지는
인생 발자국이

어디 나뿐이랴
어찌 혼자이랴

물결 일렁이는 바다일기엔
마침표가 없다

18

어미의 바다

바다새는
허공에서도 먹잇감이 보인다

새끼가 배고프면
어미 고래는 배고픔을 잊는다

깊은 바다가 가르쳐주었나
낳아 기르는 고생을
기쁨이라고

넓은 바다가 일러주었나
다 주고가는 석양을
아름답다고

어미의 바다는
깊고 푸르다

바다풍경 9, 이정연, 2013

19

바람아

오월의 바람 불어와
청보리밭은 난독증이 걸린다

시월의 바람 불어와
억새밭은 이명을 앓는다

바람아 불지 말아라
살랑이는 손길에도 눈시울 따갑고
따뜻한 안부에도 술잔이 시리다

언덕에서 해안까지
밤에서 새벽까지 섬마을 끄을고 가는
바람아 불지 말아라

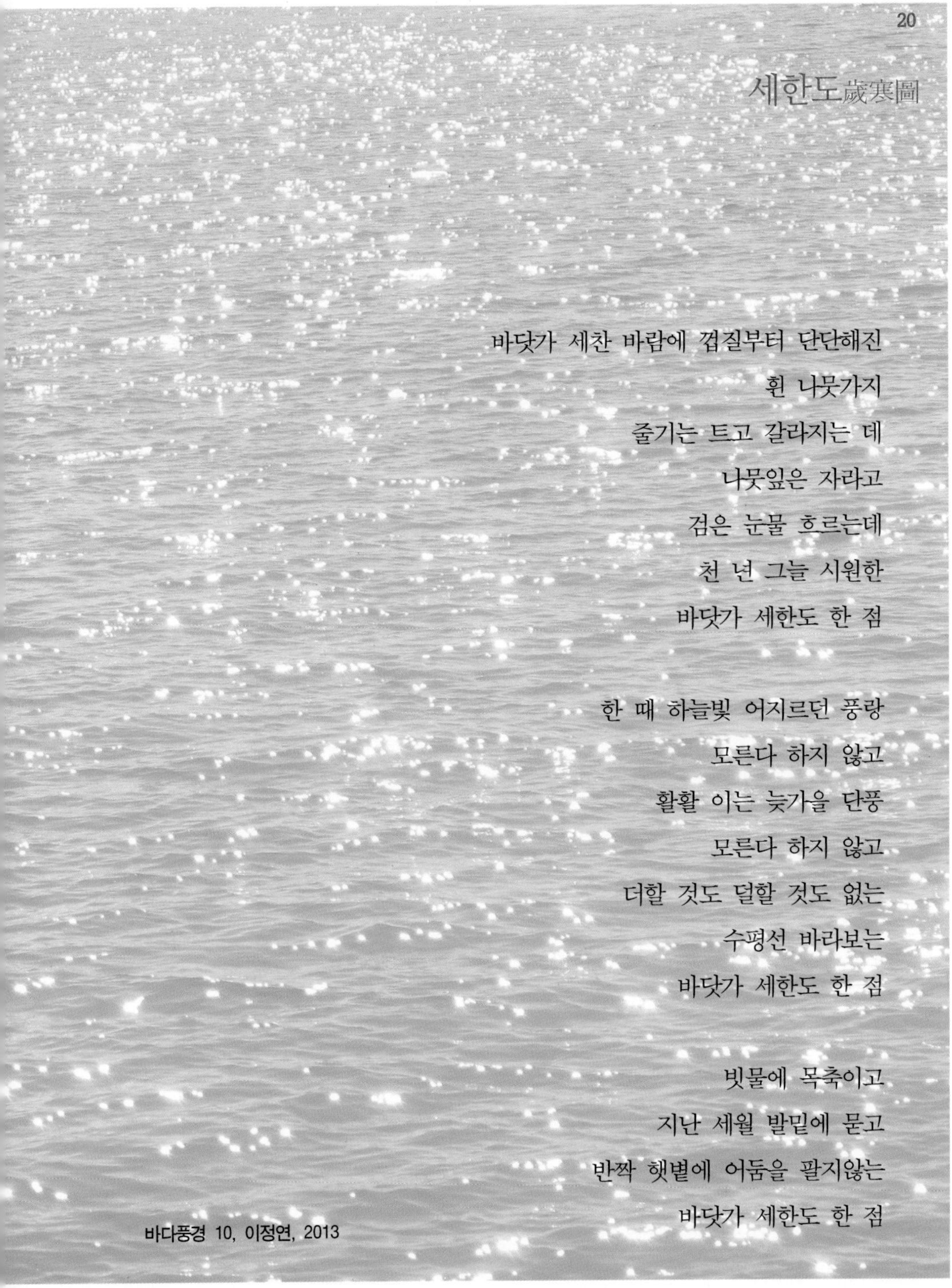

20

세한도歲寒圖

바닷가 세찬 바람에 껍질부터 단단해진
흰 나뭇가지
줄기는 트고 갈라지는 데
나뭇잎은 자라고
검은 눈물 흐르는데
천 년 그늘 시원한
바닷가 세한도 한 점

한 때 하늘빛 어지르던 풍랑
모른다 하지 않고
활활 이는 늦가을 단풍
모른다 하지 않고
더할 것도 덜할 것도 없는
수평선 바라보는
바닷가 세한도 한 점

빗물에 목축이고
지난 세월 발밑에 묻고
반짝 햇볕에 어둠을 팔지않는
바닷가 세한도 한 점

바다풍경 10, 이정연, 2013

21

밀물과 썰물

밀면
밀리는 사람

웃으면
웃어주는 사람

정든 이
오시는 듯

이른 저녁 서편에
초승달이 뜨고

싸립문 여는 소리
문풍지 떨리는 소리

부질없이 속절없이
꽃은 겹겹이 피고

혼자 부푼 가슴
내려앉는 가슴을
어찌할까요
어찌할까요

22

무인도

나뭇잎 하나 띄워도
물결이 일렁이고

지나가는 비에도
희망을 품게 되는 날

거리두려고
애쓰는 나를
당신은 알지 못하죠

뱃길이 끊어지고
바위섬이 무너져도
당신은 알지 못 하죠

햇살은 눈부시고
밤은 어두우니까요

바다풍경 11, 이정연, 2013

23

티

부끄럽게도
머리에 꽃장식하고
웃음을 흘려
아직도 서투르고
미흡합니다

고요한 섬마을
한 걸음에 다가가는
치기어린 마음
허공에 적어보냅니다

달빛으로
바람으로
닿을 수 없다면

빗방울 아롱진 나룻배
티 안나게
티 안나게
스쳐가도 될까요

잠든 당신곁에
내 마음 한 조각
두고가도 될까요

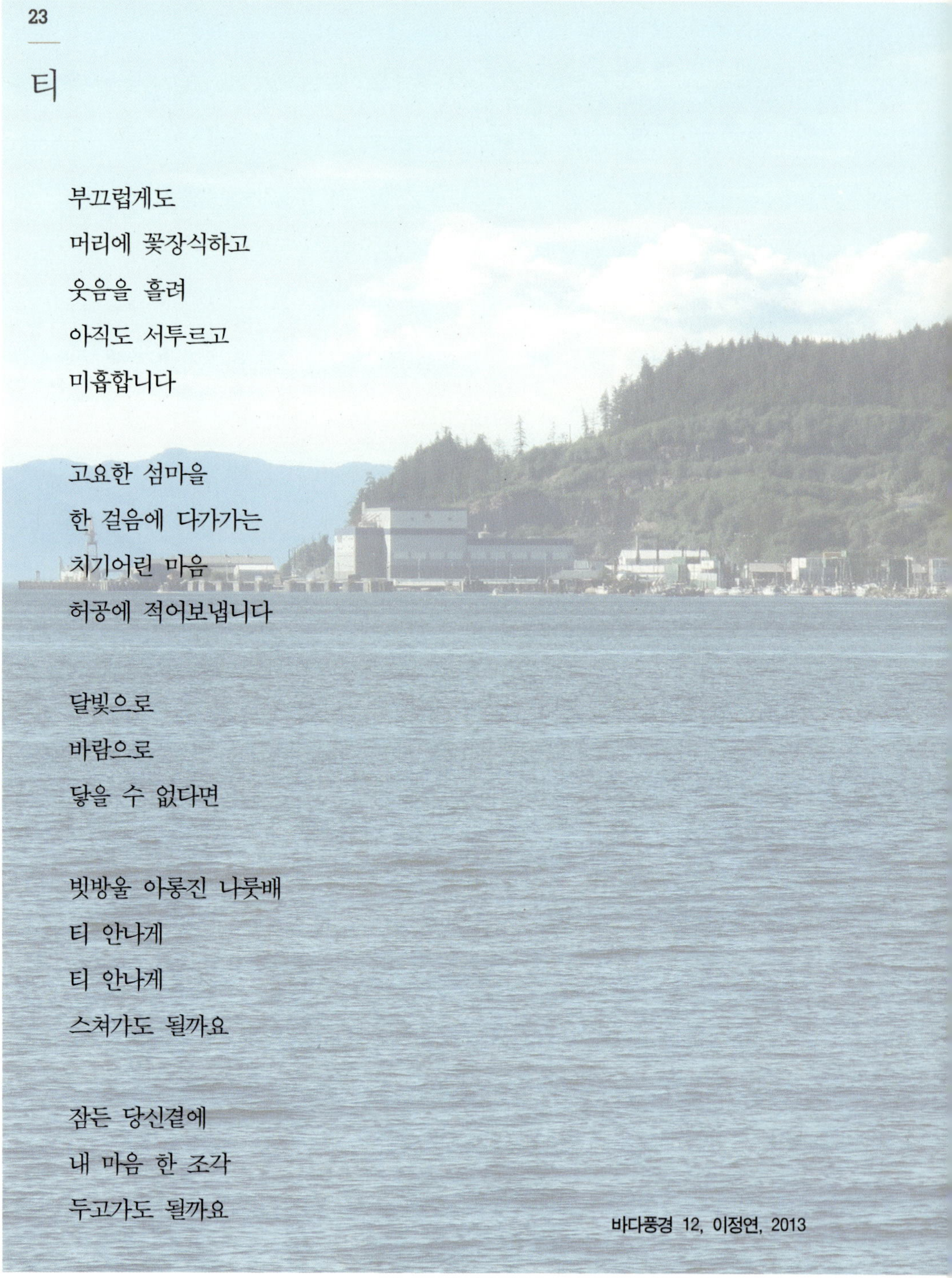

바다풍경 12, 이정연, 2013

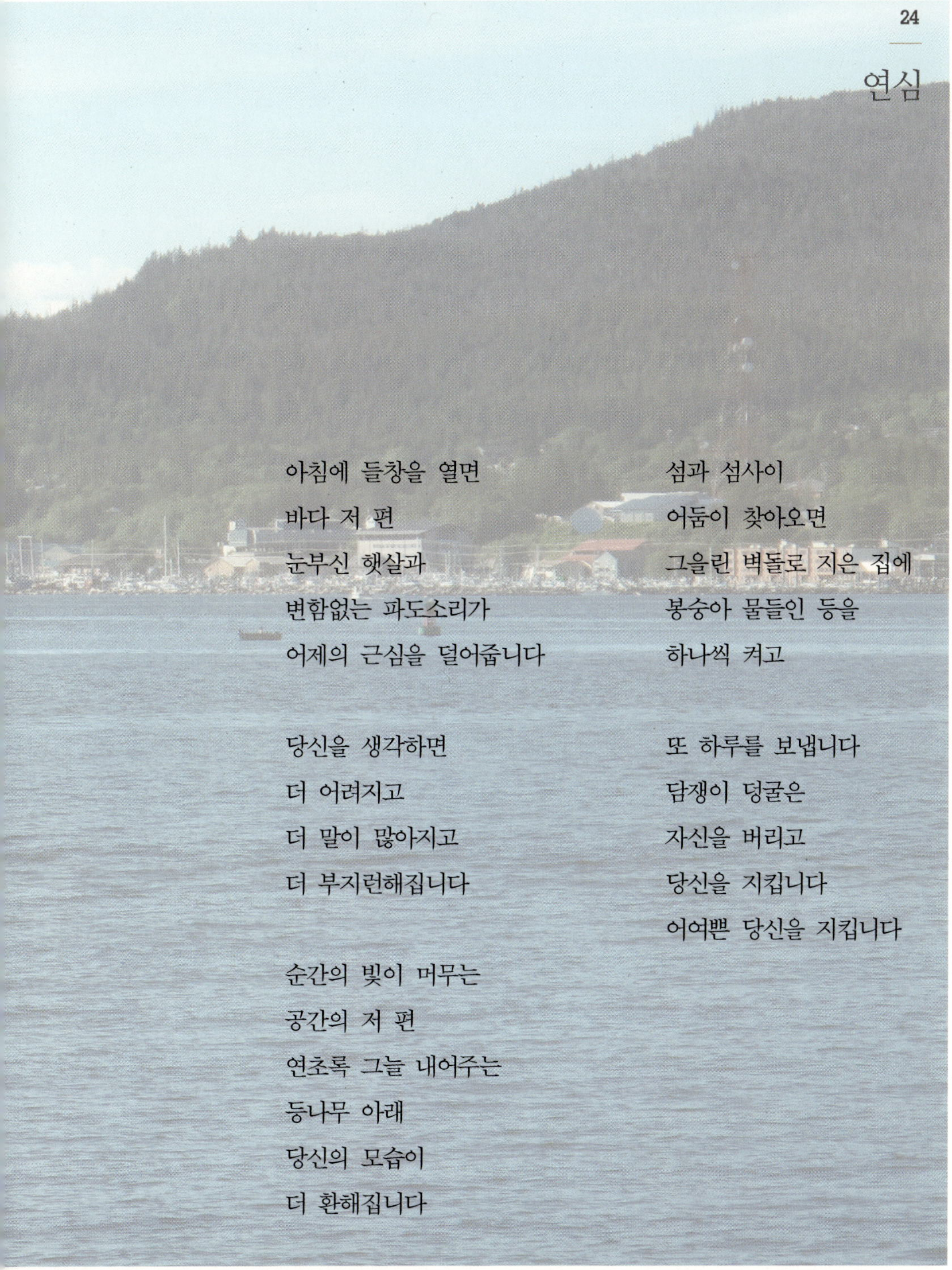

24

연심

아침에 들창을 열면
바다 저 편
눈부신 햇살과
변함없는 파도소리가
어제의 근심을 덜어줍니다

당신을 생각하면
더 어려지고
더 말이 많아지고
더 부지런해집니다

순간의 빛이 머무는
공간의 저 편
연초록 그늘 내어주는
등나무 아래
당신의 모습이
더 환해집니다

섬과 섬사이
어둠이 찾아오면
그을린 벽돌로 지은 집에
봉숭아 물들인 등을
하나씩 켜고

또 하루를 보냅니다
담쟁이 덩굴은
자신을 버리고
당신을 지킵니다
어여쁜 당신을 지킵니다

25

환영

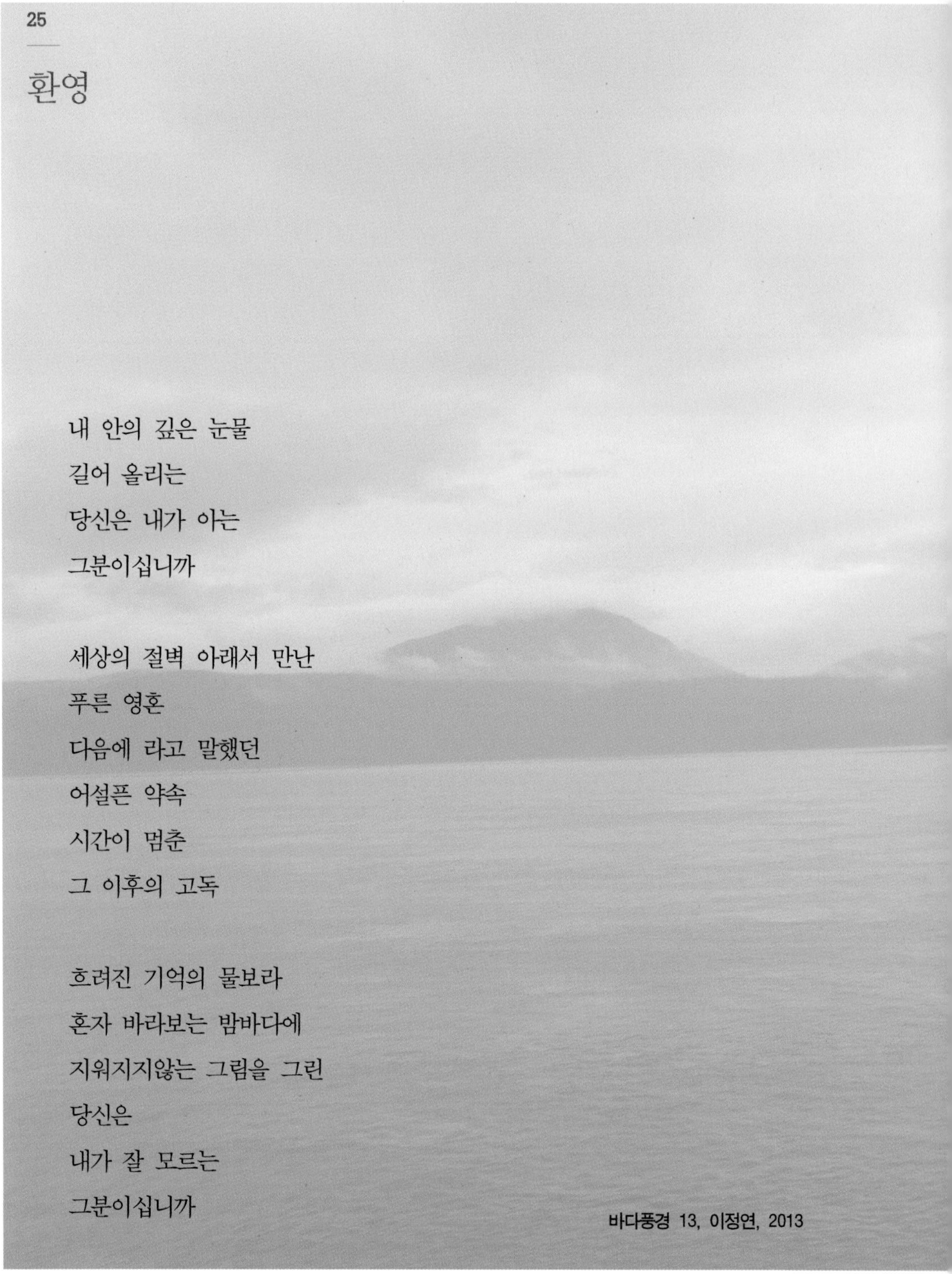

내 안의 깊은 눈물
길어 올리는
당신은 내가 아는
그분이십니까

세상의 절벽 아래서 만난
푸른 영혼
다음에 라고 말했던
어설픈 약속
시간이 멈춘
그 이후의 고독

흐려진 기억의 물보라
혼자 바라보는 밤바다에
지워지지않는 그림을 그린
당신은
내가 잘 모르는
그분이십니까

바다풍경 13, 이정연, 2013

26

사랑에 대하여

한 사람이 한 사람을 사랑한다는 건
물결이 바람에 끌리어
휘어진 해안선
가만히 있어도 기울어지는
두 개의 물잔
그런 거

물새가 물새에게
바다표범이 바다표범에게 하듯이
태어나기 전부터 몸에 밴
서로를 부르는 노래소리
한 치의 오차도 없이
닮은 외로움

모래언덕에서 방향잃은 나침반은
아무 죄가 없다
한 사람이 한 사람을 사랑한다는 건
맹목적으로 바다로 향하는
그런 거

27

사랑 이후

모래벌판에

손으로 쓰고 발로 지운다

지나면 아무 것도 아닌

사랑놀음을

뙤약볕아래

눈으로 쓰고 폐로 삼킨다

사랑 이후에도

쪼그리고 앉아 모래터널을 만든다

28

모래 흔적

사랑한 사람은 흔적이 남는다
텅 빈 구도심
오래된 창고냄새처럼
그림자에 묻어오는 낙서들
순간 순간 멎는 시간들

사랑한 사람은 흔적이 남는다
세월의 바퀴에 치어
멍한 시선
마른 잎사귀같은 혈흔
그래서 비슷한 사람을 알아보는 일은
어렵지 않다

아스팔트 더운 김을 들이쉬며
흐린 날개짓 서로 외면하는
눅눅한 1번 국도 종착지
가슴엔 녹지 않는
소금 한 줌
너무 힘들 땐 어디든 가야 한다
어디로 가야하나

바다풍경 14, 이정연, 2013

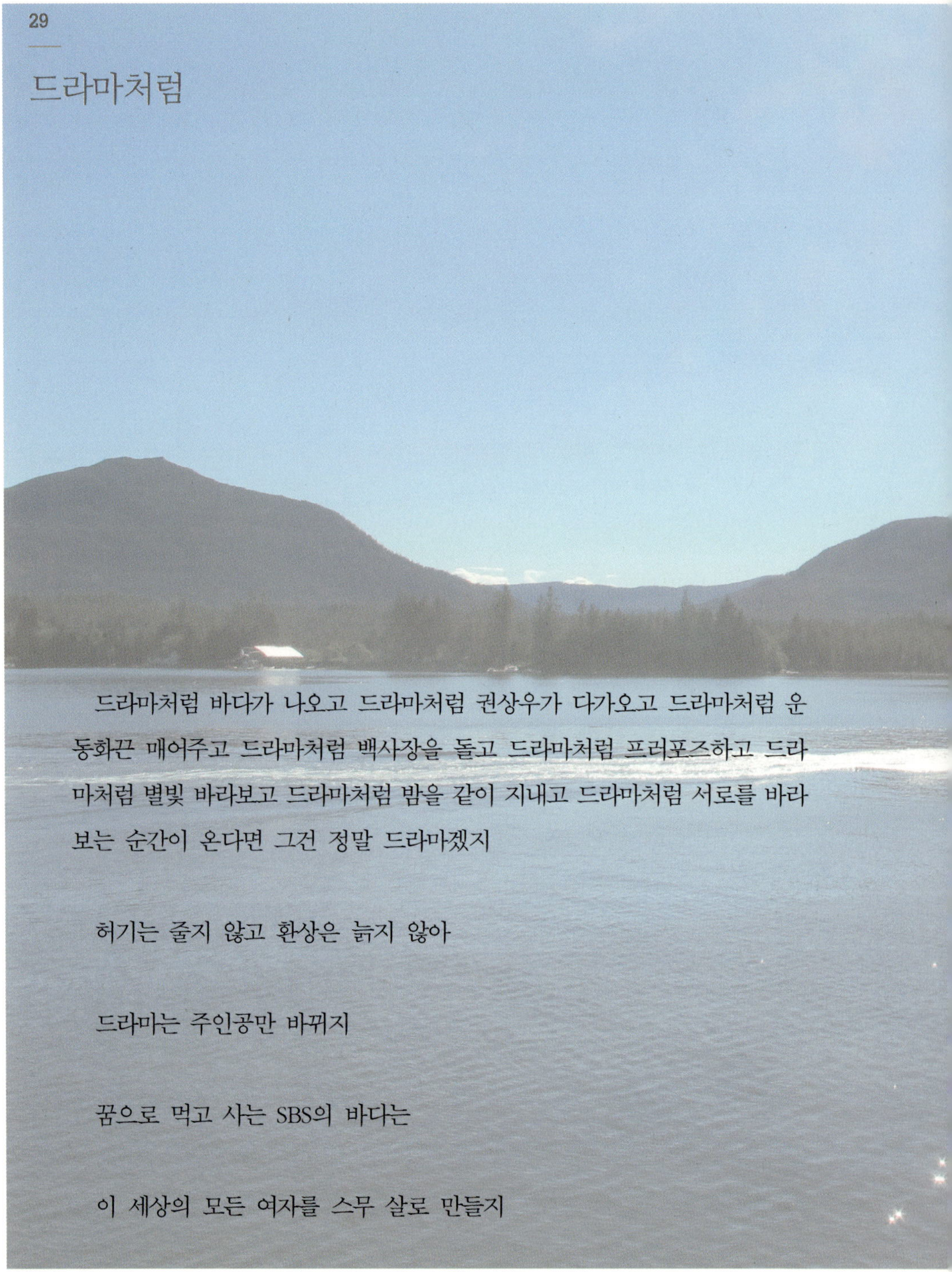

29

드라마처럼

드라마처럼 바다가 나오고 드라마처럼 권상우가 다가오고 드라마처럼 운동화끈 매어주고 드라마처럼 백사장을 돌고 드라마처럼 프러포즈하고 드라마처럼 별빛 바라보고 드라마처럼 밤을 같이 지내고 드라마처럼 서로를 바라보는 순간이 온다면 그건 정말 드라마겠지

허기는 줄지 않고 환상은 늙지 않아

드라마는 주인공만 바뀌지

꿈으로 먹고 사는 SBS의 바다는

이 세상의 모든 여자를 스무 살로 만들지

바다풍경 15, 이정연, 2013

30

오늘

남의 말 밥먹듯이 하고 남의 여자 제 것처럼 건드리고 남의 돈 날로 삼키는 치한도 새벽바다에 몸과 마음을 담그고 새출발 꿈꾸는 날이 있어요.

오다가 망설이고 한참 생각하고 가다가 망설이고 한참 생각하는 속터지는 굼벵이도 일생에 한 번 바다로 가는 기차를 꿈꾸는 날이 있어요.

부어라 마셔라 낮이고 밤이고 뱃가죽 불어터지도록 구제불능 술주정뱅이도 늦둥이 딸이랑 첨벙첨벙 물놀이하고픈 날이 있어요

언제나 처음 만나는 오늘

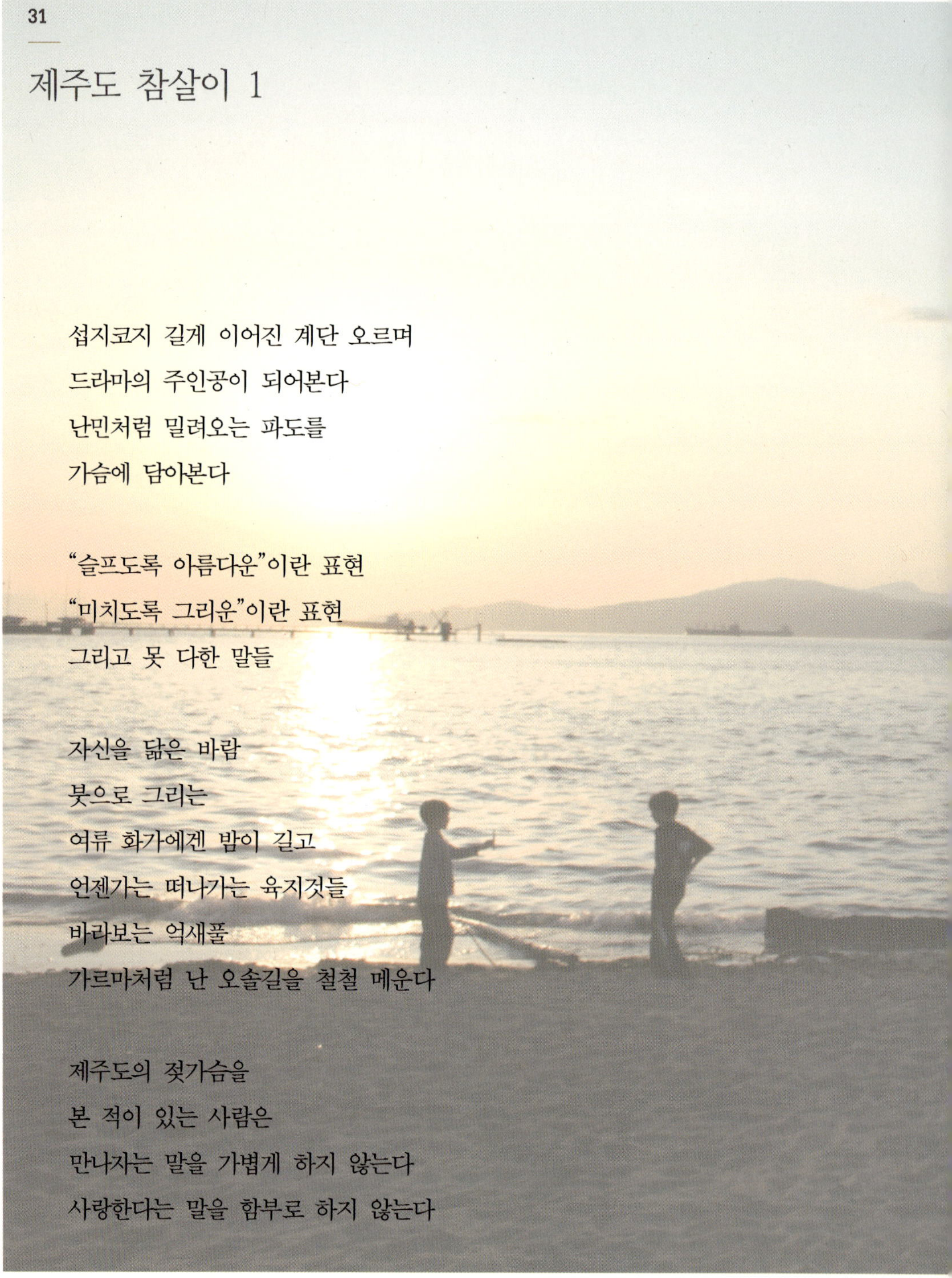

31

제주도 참살이 1

섭지코지 길게 이어진 계단 오르며
드라마의 주인공이 되어본다
난민처럼 밀려오는 파도를
가슴에 담아본다

"슬프도록 아름다운"이란 표현
"미치도록 그리운"이란 표현
그리고 못 다한 말들

자신을 닮은 바람
붓으로 그리는
여류 화가에겐 밤이 길고
언젠가는 떠나가는 육지것들
바라보는 억새풀
가르마처럼 난 오솔길을 철철 메운다

제주도의 젖가슴을
본 적이 있는 사람은
만나자는 말을 가볍게 하지 않는다
사랑한다는 말을 함부로 하지 않는다

32

제주도 참살이 2

여름이 오는 길목
해안도로 따라 자전거를 타고
무전무죄無錢無罪의 낭만
길가에 뿌리며

풍랑주의보에
드넓은 초원을 독차지하고
위태로운 삶의 경계를 드나드는
자유로운 영혼의 칸타빌레

에메랄드빛 피부가 아른거리는 포구에서
데어죽든 말라죽든
두고가라는 시한부 사랑
마지막 배로 나오면서 뒤돌아보면

끝이 아름다운 풍경이 있다

바다풍경 16, 이정연, 2013

33

제주도 참살이 3

갇혀 살아본 적도 없으면서
제주도를 안다고 말한다

제주도를 좋아하는 것과
지키는 것이 다르다면

어설프게 미치다가
덤벙덤벙 잊어버리는 자의 어깨를

제주도는 말걸지 않는다
제주도는 재우지 않는다

34

제주도 참살이 4

가파른 해안절벽에
짙은 안개쯤이야
눈감고도 보이는 게 진짜
어디서 와서
어디로 가는 지는 중요하지 않다
살아있을 것
성산포에서 물 한 모금
애월읍에서 큰 한 숨
산굼부리에서 햇볕 한 사발
무박4일 빌어먹고
탱탱해진 가슴으로
일상의 형刑을 치룬다

바다풍경 17, 이정연, 2013

35

제주도 참살이 5

제주도에 숨은 고사리는
제주도에 남은 도마뱀과
아는 척도 안 하고
풀숲에서 잘 지낸다

제주도에 버려진 조랑말과
제주도에 뿌려진 억새풀은
겨울바람이 일면
서로의 등을 기댄다

제주도에 쌓은 돌담과
제주도에 거친 바람은
들판 한 자락 휘감고
절망의 곁을 떠나지 않는다

36

제주도 참살이 6

제주도 오름길
마음 가벼운 자만이 오르는 길
제주도 오름길
펼쳐지는 능선아래
바다가 넘실대고
석양이 멀리까지 비친다
제주도 오름길
마음 가벼운 자만이 오르는 길
걸을 수 있어 행복하고
주저앉을 수 있어 눈물겹다
제주도 오름길
눈에 담아가는 도둑질을
선선히 허락하다

바다풍경 18, 이정연, 2013

37

제주도 참살이 7

눈감으면
바다가 보이는 동굴
막걸리 마시며 하늘다람쥐처럼
살아볼까
패잔병처럼 기어들어가
한 겨울 아니
세상이 바뀐 다음에
나오는 건 어떨까
바다로 가지 못하는
갈증의 끝자락
퍽 퍽 벽을 치는
징한 세월이 있다

38

제주도 참살이 8

스스로 유배하라
혀도 놀리지 말아라

날것으로
기어서 오라
더는 잃을 것도 없이
서릿발로 오라

하늘만 보고도 살고
바다만 보고도 산다

스스로 갇힌 자
스스로 여는 자

덩굴이 되어 자생하라
검은 절벽에 자생하라

바다풍경 19, 이정연, 2013

39

제주도 참살이 9

해녀촌 회국수 먹고
해안도로 따라
그림자 늘이며 걷다가
귤밭에서 놀다가
검은 모래 해변
파도소리 듣다가

어찌 세끼를
채울 것인가
그리운 성산포에 닿기만 해도
배부른 것을

일출봉에 가면
갈기가 생기고
날개가 근질거리고
꼬리뼈도 춤을 춘다
너른 들판에서
바람과 이종교배를 한다
늘어지게 한다

햇살이 나를 버릴 때까지
파도소리 듣다가
도시 여자, 발길을 돌리면
가슴 밑바닥에 행복한 슬픔이
꼬질꼬질 고인다

40

제주도 참살이 10

놀멍쉬멍
웃음소리 화창하다
틀어진 오장육부
여기서 말리고
못다한 사랑타령
여기서 늘어놓고

놀멍쉬멍
조랑말도 사진 한 장
나무껍질 손바닥
여기서 풀어주고
조개껍질 발바닥
여기서 놓아주고

놀멍쉬멍
바쁘더니 먼저 가네
짠내나는 쉰 목소리
여기서 달래주게
허전한 새가슴
여기서 채워주게

바다풍경 20, 이정연, 2013

41

섬마을 길 1

도망가듯 봄은가네
훔쳐가듯 여름가네
손님처럼 가을가네
술먹은듯 겨울가네

유채향기 날리더니
풋사랑이 떠나더라
물보라가 몰아치니
온다하고 못오더라

손거울에 비춰보니
손발시린 여인네가
거무죽죽 마른얼굴
걸어온길 돌아보네

바다풍경 21, 이정연, 2013

42

섬마을 길 2

나룻배가 삐걱삐걱
노둣길이 찰망찰망
바리데기 건너가는
바닷길이 여기인가

맨손으로 제방쌓고
살붙이고 정붙이고
지는노을 붉어오니
소금밭이 어여쁘다

타향살이 끌려다녀
꿈에서도 잊었더니
몸아프니 생각나네
우들투들 섬마을길

바람개비 날리어라
바닷새야 같이놀자
먼저가신 조상님도
한술뜨러 다시오소

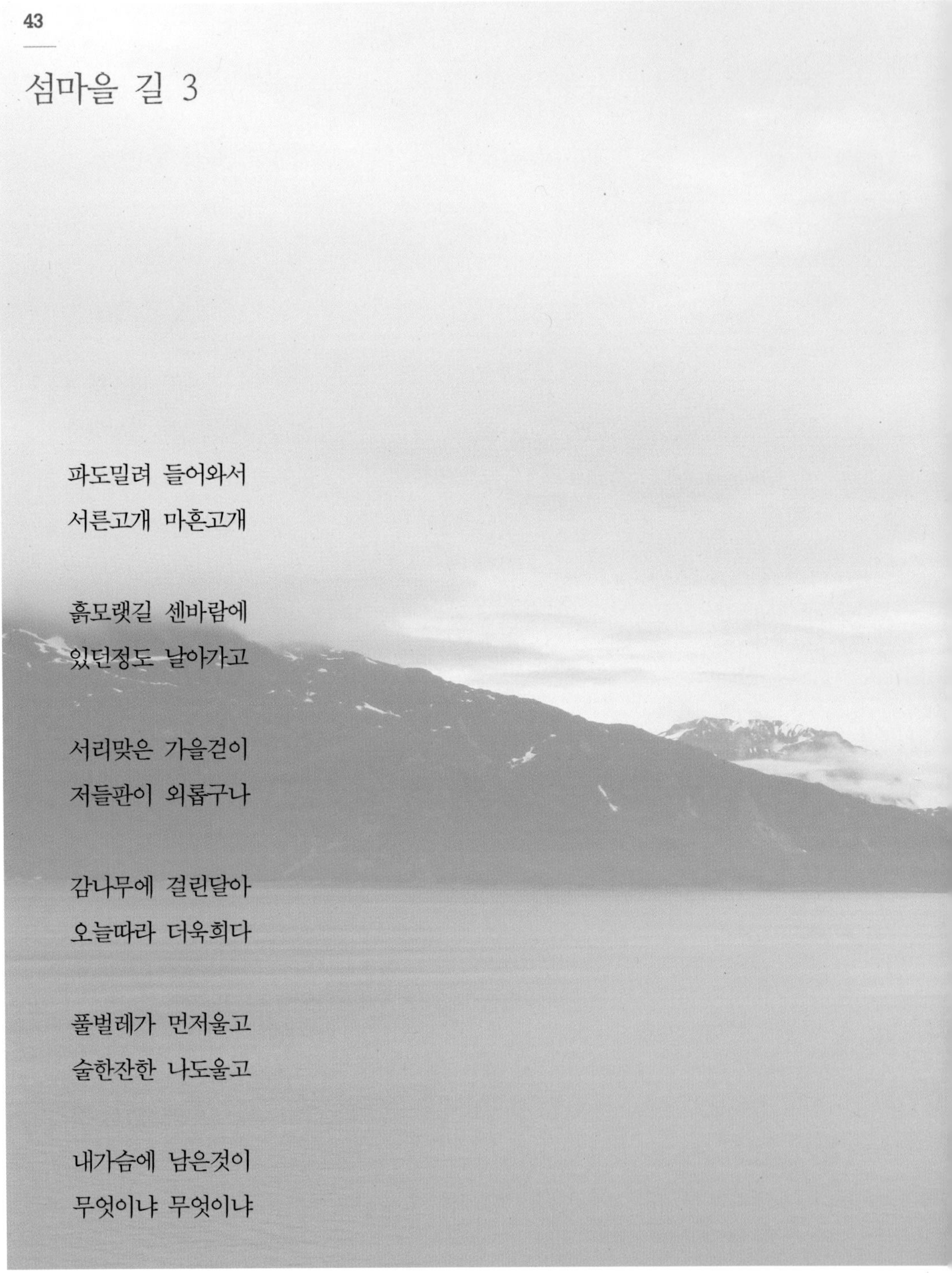

43

섬마을 길 3

파도밀려 들어와서
서른고개 마흔고개

흙모랫길 센바람에
있던정도 날아가고

서리맞은 가을걷이
저들판이 외롭구나

감나무에 걸린달아
오늘따라 더욱희다

풀벌레가 먼저울고
술한잔한 나도울고

내가슴에 남은것이
무엇이냐 무엇이냐

44

섬마을 길 4

청산도 푸른낭길
비에젖은 야생화야
금오도 비렁길에
계곡사이 소나무야

다랭이논 구들장논
굽이굽이 옷고름길
출렁다리 두근두근
동백숲길 터널지나

하루살이 오늘처럼
하늘끝에 등을달고
비밀스런 한자락을
구름위에 올려놓고

비스듬히 기울이고
누군가를 기다리나
황톳길을 바라보며
누군가를 기다리나

바다풍경 22, 이정연, 2013

45

섬마을 길 5

대장같은 장군바위
아들낳는 기자바위
미끄러운 미역바위
도미잡는 고동바위

하늘향해 수백년을
바다향해 수천년을
귀신같이 알아듣고
섬마을을 지킨다네

산언덕을 올라오는
유채향기 절로취해
마늘밭도 푸르르다
바구니에 봄을담네

사계절을 휘휘돌아
섬마을길 다시왔네
애기똥풀 잘도크네
달팽이야 같이가자

46

섬마을 길 6

쪽빛바다 형님섬
청정바다 아우섬
갯벌건너 연육교로
건너가요 건너오소

등허리가 휘어지게
먼바닷일 마다않고
김미역에 홍합따며
찬거리를 거둬오니

톳을넣은 된장국에
꼬막무침 매생이전
얼어죽은 선녀바위
막걸리로 몸데우고

여기저기 둘러봐도
촌스러운 섬마을길
예나지나 정두터운
촌스러운 섬마을길

바다풍경 23, 이정연, 2013

47

섬마을 길 7

해는 짧고 밤은 길고
사랑타령 놀음타령
한번오니 정이들어
두번오니 못나가네

바람불고 흩어지고
다시만나 돌담쌓고
믿고삼년 속고삼년
그물코에 걸렸어라

여러갈래 산언덕길
꼬불꼬불 내리막길
배가오면 안달이고
배떠나면 속병나요

사랑이라 징그럽다
정이라면 징그럽다
이나이에 무슨타령
마른거죽 세월가네

48

섬마을 길 8

햇볕났네 그러네잉
비가오네 그러지잉
이따보소 그러지라
왜늦었소 그라게요

날좀봐요 그니까요
말좀해요 그러께라
섬마을길 토닥토닥
하루종일 노닥노닥

바다풍경 24, 이정연, 2013

49

섬마을 길 9

아이들은 빨리크고
노인들은 눈도밝다
새벽녘에 모여들고
저녁바다 몰려간다

새살오른 도다리가
봄철이라 따라오고
기름찰찰 전어떼가
가을철에 따라가네

같이자라 고만고만
흰점박이 얼룩백이
섬마을길 한통속에
막걸리가 절로익네

바다풍경 25, 이정연, 2013

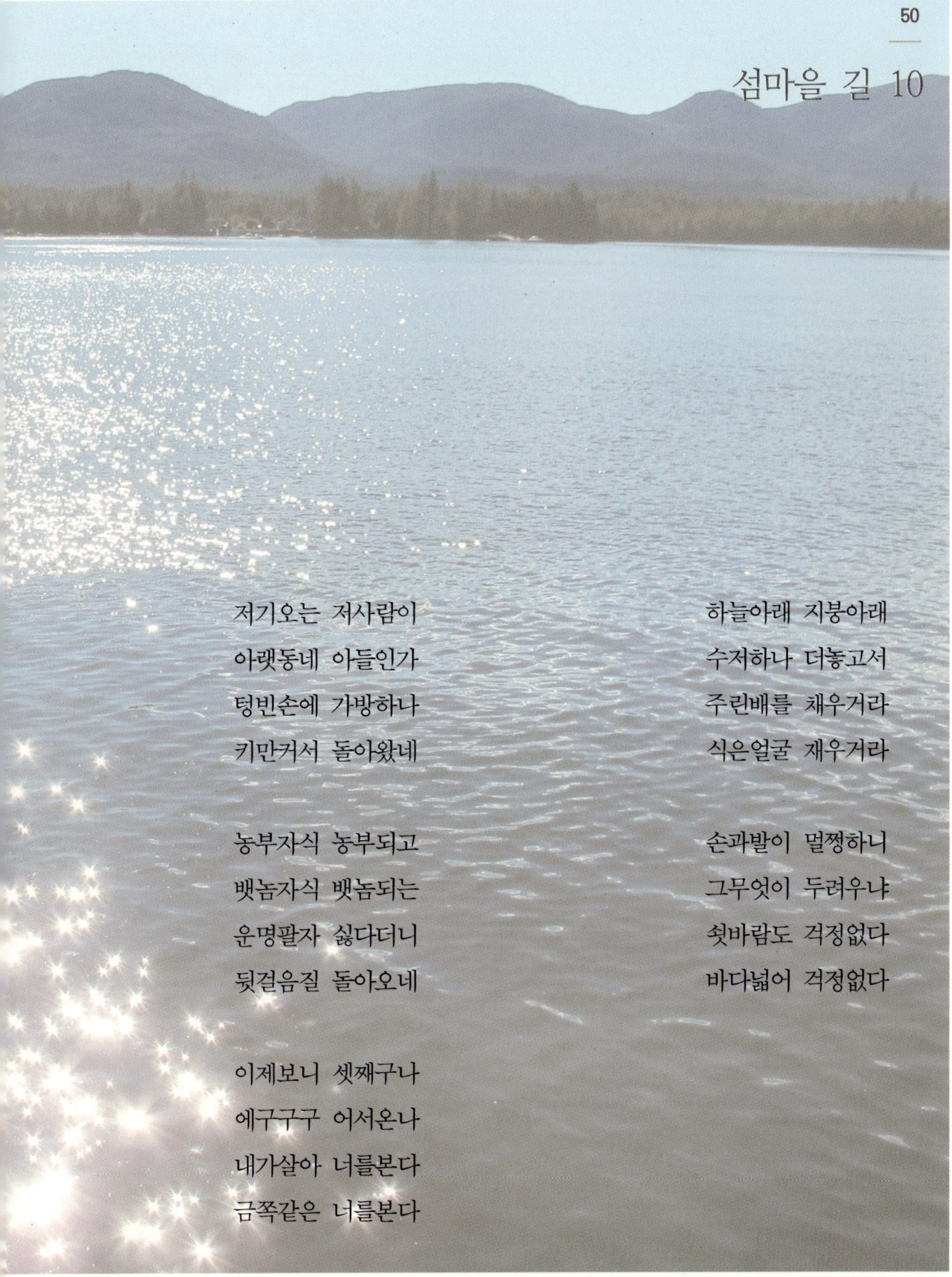

50

섬마을 길 10

저기오는 저사람이
아랫동네 아들인가
텅빈손에 가방하나
키만커서 돌아왔네

농부자식 농부되고
뱃놈자식 뱃놈되는
운명팔자 싫다더니
뒷걸음질 돌아오네

이제보니 셋째구나
에구구구 어서온나
내가살아 너를본다
금쪽같은 너를본다

하늘아래 지붕아래
수저하나 더놓고서
주린배를 채우거라
식은얼굴 재우거라

손과발이 멀쩡하니
그무엇이 두려우냐
쉿바람도 걱정없다
바다넓어 걱정없다

3부

해변의 노래

01

섬마을

햇님이 열어주는 바닷길로
통통배 타고 섬마을 가요
하늘엔 갈매기가 힘차게 날고
하얀 물보라가 뒤따라와요

바람이 열어주는 바닷길로
여객선 타고 섬마을 가요
선착장 저멀리 돌담너머로
빨간 동백꽃이 마중나와요

섬마을 신부, 이정연, 2008

02

고향바다

아침엔 은빛 저녁엔 붉은 빛
깊은 바다는 검고 푸른 빛
잔잔한 파도는 우리를 좋아하고
큰 파도 몰려오면 모두가 도망가네

하늘닿은 수평선은 아득히 먼데
새벽안개는 너무나 아름답네
언제나 가고싶은 고향바다엔
오늘도 고기잡이 배가 뜨겠지

03

여름 바다

여름바다 해변가 웃통을 벗고
방구쟁이 아빠와 달리기해요

남보랏빛 산호초 하늘거리고
불가사리 꼭꼭 숨어있어요

여름바다 해변가 텐트를 치고
모닥불에 모여서 노래를 해요

여기서는 내가일등 바다사나이
바다에선 고래가 만능연예인

04

뱃사람

바닷가 바위엔
슬픈 전설이 새겨져 있고
저멀리 등대엔
아픈 상처가 묻혀있네

바닷바람은
소나무를 세차게 흔들고
바닷바람은
우리를 강하게 키우지

바닷가 항구엔
오래된 배가 묶여 있고
저멀리 수평선엔
그리운 얼굴이 떠오르네

바닷바람은
소나무를 세차게 흔들고
바닷바람은
우리를 강하게 키우지

수족관, 이정연, 2013

05

명사십리

차르르르 파도소리 그리운 섬에
제일 먼저 봄소식이 들려옵니다
완도 거문도 백도 추자도
일렁이는 파도에 첫배를 띄웁니다

백사장 십리길 눈부신 섬에
가을노을빛이 펼쳐집니다
외도 비금도 증도 임자도
해당화 마을에 별빛이 내립니다

06

남해 섬마을

두고 온 여름바다 섬마을엔
바닷새들이 떼지어 날고
두고 온 겨울바다 섬마을엔
언덕마다 섬초가 자라네

가슴엔 언제나 정든 섬 하나
가슴엔 언제나 하얀 배 한 척

떠나온 봄바다 섬마을엔
풀향기 솔솔 기지개펴고
떠나온 가을바다 섬마을엔
갈대숲이 은물결 이루네

가슴엔 언제나 정든 섬 하나
가슴엔 언제나 하얀 배 한 척

산호초 3, 이정연, 2015

07

섬 이야기

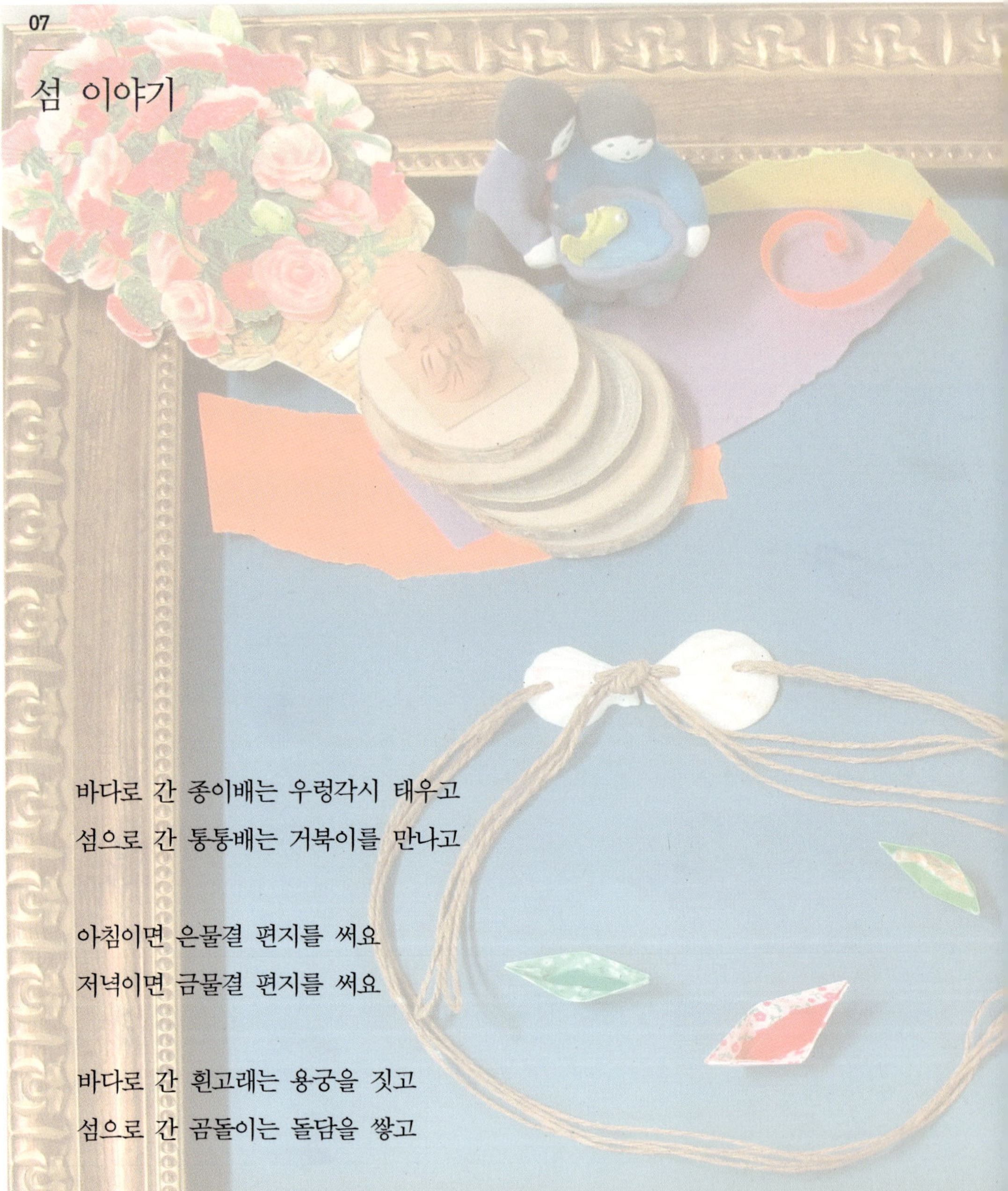

바다로 간 종이배는 우렁각시 태우고
섬으로 간 통통배는 거북이를 만나고

아침이면 은물결 편지를 써요
저녁이면 금물결 편지를 써요

바다로 간 흰고래는 용궁을 짓고
섬으로 간 곰돌이는 돌담을 쌓고

아침이면 은물결 노래를 해요
저녁이면 금물결 노래를 해요

08

우리는 친구

연육교를 놓아 섬들을 잇고
거북이 등타고 징검다리 건너
외딴 섬 물새들의 천국으로 가요

멀리 있어도 우리는 친구

꽃잎을 띄워 융단만들고
물고기떼지어 해저터널 만들어
외딴 섬 물새들의 천국으로 가요

멀리 있어도 우리는 친구

항구, 이정연, 2014

09

외출

새우는 새우는 고래등에 타고
꽃게는 꽃게는 소라등에 타고
둥근 보름달 보러 나간다
둥근 보름달 보러 나간다

고운 백사장이 우리를 반기네

언니는 언니는 막내손잡고
오빠는 오빠는 할미손잡고
굴업도 파도 보러 나간다
덕적도 파도 보러 나간다

고운 백사장이 우리를 반기네

10

바다놀이터

푸른 바다 어깨동무 파도가 오네
넓은 바다 고동소리 큰 배가 오네

돛을 올려라 돛을 올려라
바다놀이터에선 내가 선장

동화나라 요정들은 가오리타고
바다학교 아이들이 맨발로 뛰네

돛을 올려라 돛을 올려라
바다놀이터에선 내가 선장

보물섬, 이정연, 2015

11

보고싶다

갯장어는 몸통이 미끌미끌
물고기는 비늘이 반짝반짝
나는요 새옷입고 뿌잉뿌잉

보고싶은 바다친구들
올여름엔 같이 놀자 꼬옥

참소라는 어깨등에 집을 달고
작은게는 개펄에 집을 짓고
나는요 계단있는 집에 살죠

보고싶은 바다친구들
가을방학엔 같이 놀자 꼬옥

12

우리 할배

나하고 동생은 자전거타고
외딴 섬학교를 다니고
우리 할배는 학교안가도
하늘길 바닷길 다 안대요

참 이상하다 그치

비그치면 먼 산에 무지개
외딴 섬학교를 비추고
우리 할배는 뉴스 안 봐도
내일 비올지 다 안대요

참 신기하다 그치

인어공주, 이정연, 2015

13

해산물 잔치

바다로 가는 친구들, 이정연, 2015

엄마는 나를 낳고 미역국먹고
나는나는 오징어가 제일 맛있어
아빠는 멍게해삼 너무 좋대요
우리집 식탁엔 해산물잔치

할머니는 전복죽이 너무 좋대요
나는나는 새우튀김 제일 맛있어
엄마는 꼬막을 삶고 있어요
우리집 식탁엔 해산물 잔치

14

바다 농사

여수 바다에 농사를 지어요
굴이랑 홍합이랑 우리의 미래
완도 앞바다에 농사를 지어요
김이랑 전복이랑 우리의 미래

누가 물으면 우리는 바다농사꾼
이렇게 말해요

청정바다에서 숨쉬는 소리
해초를 감고 진주를 품네
얼만큼 자랐나 들여다보면
물고기떼 지나며 흔들어놓네

누가 물으면 우리는 바다농사꾼
이렇게 말해요

15

방학숙제

선생님 방학숙제는요

새벽바다 사진찍기
조개로 하트만들기
백사장에 열두번 뒹구르기

선생님 이런 숙제 내주세요

선생님 방학숙제는요

조약돌로 탑쌓기
갯벌에 그림 그리기
모래해변에 씽씽 달리기

선생님 이런 숙제 내주세요

16

해진 바닷가

해가 지면 바다는 청소를 해요
아이들이 놀다간 작은 발자국
내일도 오늘처럼 같이 놀자고
흰 파도로 깨끗이 쓸어놓아요

해가 지면 바다는 노래를 해요
노을빛이 물들어 고운 머리결
스르르 스르르 바위섬에게
차르르 차르르 노래를 해요

요트, 이정연, 2014

17

우리배

야생화가 피어난 바닷가마을
우리배가 들어오면 어미개멍멍
돌담마다 나팔꽃 바닷가 언덕
우리배가 들어오면 강아지멍멍

아직아직 안오나 갈치잡이배
바람부는 언덕에 기러기울고
아직아직 안오나 조기잡이배
비가오는 골목길에 내귀가 쫑긋

18

바다지킴이

여름에는 놀려고 바닷가오고
겨울에는 쉬려고 바닷가오고
나는나는 언제나 동해에 사네
나는나는 언제나 바다지키네

봄에는 꽃처럼 바닷가오고
가을에는 새처럼 바닷가오고
나는나는 언제나 서해에 사네
나는나는 언제나 바다지키네

해변의 오후, 이정연, 2015

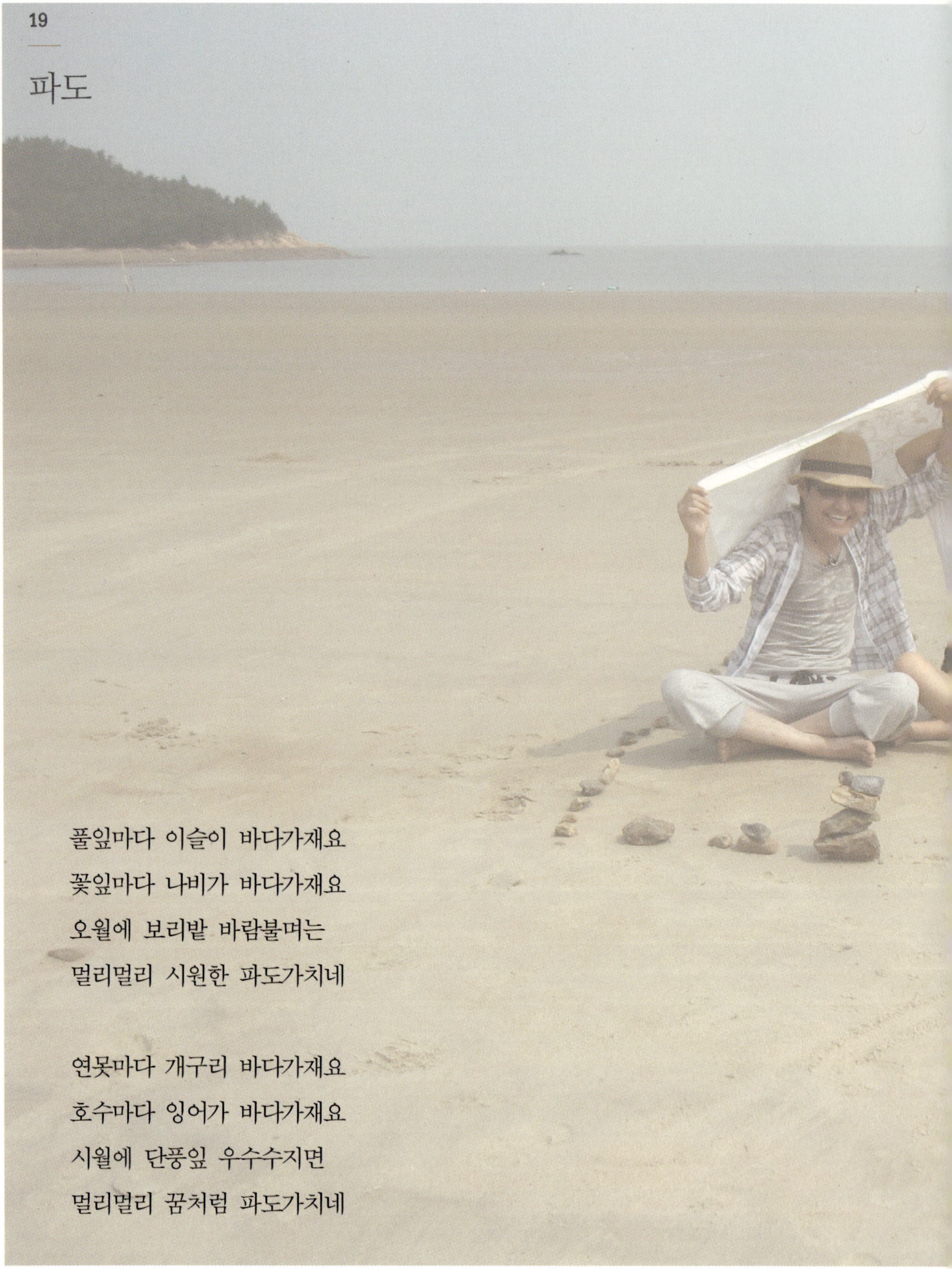

19

파도

풀잎마다 이슬이 바다가재요
꽃잎마다 나비가 바다가재요
오월에 보리밭 바람불며는
멀리멀리 시원한 파도가치네

연못마다 개구리 바다가재요
호수마다 잉어가 바다가재요
시월에 단풍잎 우수수지면
멀리멀리 꿈처럼 파도가치네

20

큰일이 났네

바다가 병이났네 큰일이났네
소라도 꽃게도 못나온대요
구급차를 불러요 부릉부르릉
동해야 서해야 어서나아라

바다가 탈이났네 큰일이났네
큰배도 작은배도 못나간대요
의사를 불러요 부릉부르릉
서해야 남해야 어서나아라

노보례가족, 이정연, 2013

21

봄소식

봄이봄이 오려고 기지개펴네
유채꽃이 피며는 바람도 살랑

봄이봄이 오려고 물안개피네
섬소년도 돌담길 동네한바퀴

어제같은 비구름 아니랍니다
풀잎마다 포로롱 이슬구르네

바닷가에 어미새 낮게 날으며
봄이봄이 온다고 날개를 펴네

떠나보내기, 이정연, 2008

22

새와 꽃

파란하늘 구름위에 새를그리면
바다에도 한 마리 새가비치네

하늘닮아 그래요 날개파랑새
바다닮아 그래요 꽁지파랑새

붉은노을 서편에 꽃을그리면
바다에도 다홍빛 꽃이저무네

하늘닮아 그래요 타는노을빛
바다닮아 그래요 물빛다홍빛

23

우리의 영토

앞바다가 우리논밭 양식의 창고
갯벌에는 금은보화 미래의 들판
대대손손 물려받는 황금빛 영토

앞섬뒷섬 모두 모여 다도해라네
연육교로 가까워진 우리네인심
대대손손 물려받는 황금빛 영토

24

다도해

섬이많아 다도해 푸른동아리
노래절로 부르면서 언덕에올라
무인도야 너도같이 우리편이다

한집건너 친척이고 이모삼촌
앞섬으로 시집간 언니보고파
작은일도 동네잔치 함께 웃어요

마티스의 바다, 이정연, 2015

25

소풍

홍도에서 변산반도 꽃게가는 길
보랏빛 산호초로 왕관만들고
바닷속 행진을 따라가볼까

7번국도 울진포항 고래가는 길
깊은 산골 아이들과 물안경쓰고
노래를 부르면서 소풍가볼까

26

바다가 좋아

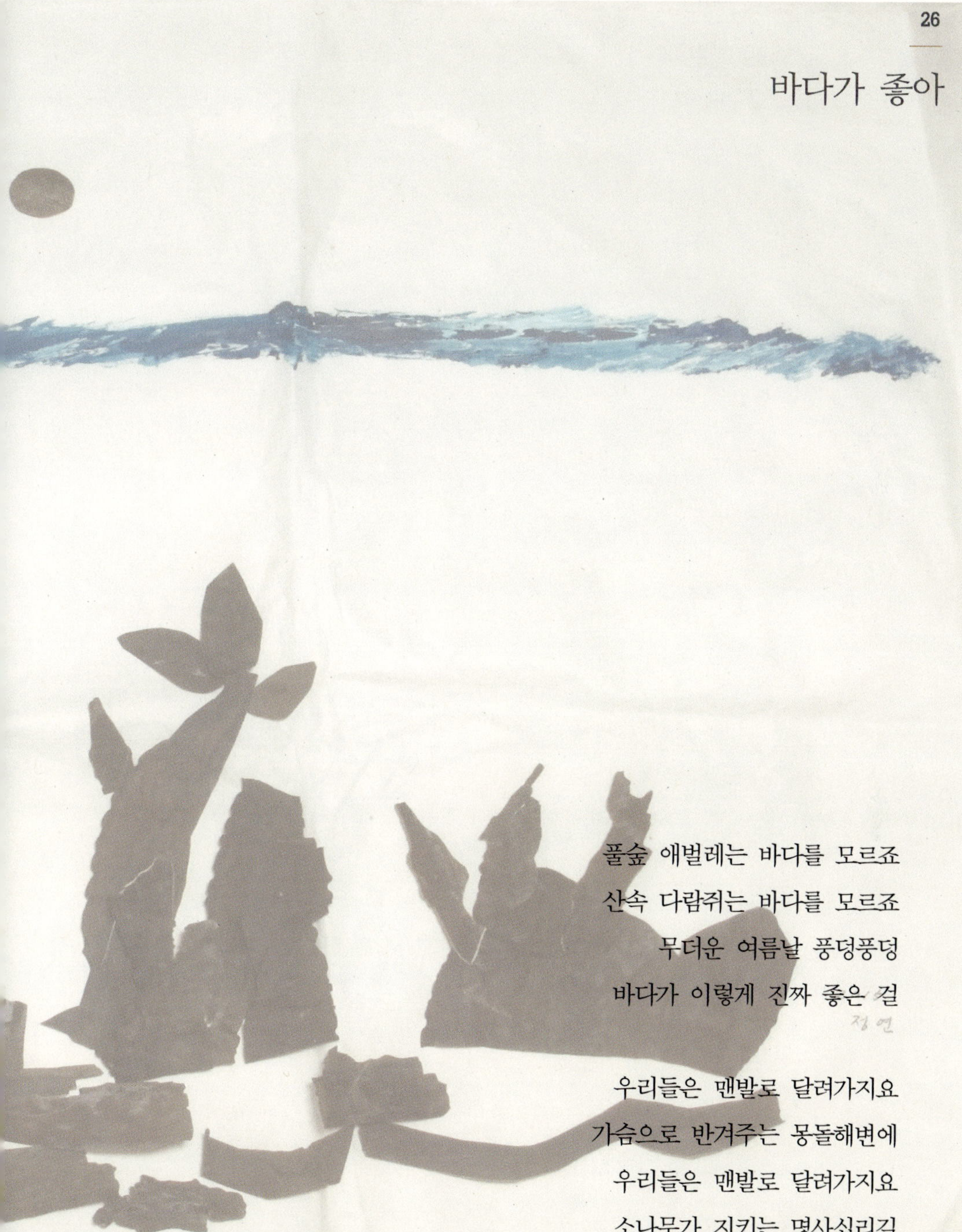

풀숲 애벌레는 바다를 모르죠
산속 다람쥐는 바다를 모르죠
무더운 여름날 풍덩풍덩
바다가 이렇게 진짜 좋은 걸

우리들은 맨발로 달려가지요
가슴으로 반겨주는 몽돌해변에
우리들은 맨발로 달려가지요
소나무가 지키는 명사십리길

다시마마을, 이정연, 2015

27

바닷가 통나무집

파도치는 해안가에 외로이
이름모를 야생화가 피었네
통나무집 수염난아저씨 잠들면
고라니가 놀러가요 살며시

억새풀이 내키만큼 자랐네
도토리가 하나가득 모였네
통나무집 수염난아저씨 잠들면
너구리가 굴을 파요 살며시

28

배가 오네

세찬풍랑 수평선에 잔잔해지면
멸치잡이 새우잡이 배들이오네

눈이오고 비바람에 섬이얼어도
오징어를 가득싣고 배들이오네

나도크면 배를 타고 태평양을 가야지

쉼터, 이정연, 2015

29

무인도 친구

바다는 섬이있어 외롭지않고
무인도는 바다있어 시원하대요

밤바다는 잔잔하게 소라재우고
무인도엔 산새들이 알을낳아요

서로서로 의지하며 말동무해요
철새들이 날아와 소식전해요

30

어디서 왔니

빗물아 어디에서 바다로왔니
연잎에 동그르르 모여서왔지

냇물아 어디에서 바다로왔니
눈녹은 산골에서 밤새워왔지

강물아 어디에서 바다로왔니
갈대숲 구비구비 흘러서왔지

우리는 서로모여 노래부르며
오대양 먼바다로 흘러갑니다

세 친구, 이정연, 2015

부록

바닷가 놀이학교

부록

바닷가놀이학교

1, 2, 3부에서 풀어놓은 바다사랑이야기를 참고하여 바닷가놀이학교에서 진행하기에 적합한 활동들을 제안해본다. 바다일기를 적어보고, 가족이벤트를 기획하고, 나만의 북아트도 만들어보면서 감성을 풍부히 하고, 마지막 날엔 패밀리아트전시회를 해보는 건 어떨까? 바닷가 힐링프로그램을 진행하는 가족캠프도 몸과 마음을 성장하게 하는 창의적이고 의미있는 체험학습이 될 것이다.

1. 바다일기

바다여행을 추억으로 남길 수 있도록 글과 그림으로 바다일기를 구성해본다.

일시		
장소		
엄마는 시인	제목 :	소감 :
아빠는 사진사		소감 :
바다일기		

2. 바닷가 이벤트

일년에 한 번 씩 섬이나 해변을 선정하여 특별한 가족행사를 기획하고 진행한다.

일시	
장소	
제목	두 번째 프로포즈

부인에게	남편에게

일시	
장소	
제목	생일 꽃다발

3. 북아트 만들기

가족이 함께 바다 이야기를 작성하고, 내용에 맞는 그림이나 작품을 제작하여 동화책을 구성한다.

일시		
제목	소리마을 이야기	
내용		
삽화 혹은 설치작품		

4. 패밀리 아트 전시회

섬에 3박4일 체류하면서 가족이 다양한 형태의 팝아트를 시도하고, 바다를 배경으로 작품을 설치하여 오가는 방문객들에게도 무료관람의 기회를 제공한다.

일시	2010년 8월 1일
장소	신안군 임자도 대광리 해수욕장
제목	윤이네 가족의 작품전시회

5. 바닷가 힐링 프로그램

바다의 해산물을 소재로 하여 가족이 함께 참여하는 바닷가 힐링 프로그램을 기획한다. 일상적인 스트레스도 해소하고 부모와 자녀간에 결속력도 강화하는 12회기 프로그램을 구성한다.

제1회기 – 다시마로 만들어요

맞이하기

마음결고르기

감정표현하기

신체 활동 : 하루 일과 중 화난 일을 생각하며 다시마를 손으로 찢거나 가위로 오린다.

재구성

제목 : 다시마 마을

제목 : 모닥불

설치작품

제목 : 쉼터

쿠킹타임

제목 : 다시마 무침

제2회기 – 멸치로 만들어요

맞이하기

마음결고르기

감정표현하기

신체 활동 : 하루 일과 중 속상한 일을 생각하며 멸치를 체에 버린다.

재구성

제목 : 멸치의 행진

설치작품

제목 : 남해 마을

쿠킹타임

제목 : 멸치 주먹밥과 오뎅

제3회기 – 새우로 만들어요

맞이하기	마음결고르기

감정표현하기	**재구성**
신체 활동 : 오이를 반으로 자르고 기분이 시원해질 때까지 수저로 속을 판다. 	 
설치작품	**쿠킹타임**
제목 : 사랑의 마을  	제목 : 새우 까나페 

제4회기 – 조개껍데기로 만들어요

맞이하기

제목 : 가리비 마을

마음결고르기

감정표현하기

신체 활동 : 기분 나쁜 일을 떠올리며, 모래에 조개 껍데기를 묻는다.

재구성

제목 : 비너스의 탄생

제목 : 요트

설치작품

제목 : 꼬막풍어제

쿠킹타임

제목 : 조개 무침

제5회기 – 물로 만들어요

맞이하기

제목 : 원두막

마음결고르기

감정표현하기

신체 활동 : 각얼음 3kg을 양동이에 담고 나무 주걱으로 두드린다.

재구성

제목 : 놀이터

설치작품

제목 : 칵테일잔쌓기

쿠킹타임

제목 : 과일 빙산

제6회기 – 뱅어포로 만들어요

맞이하기

마음결고르기

감정표현하기

신체 활동 : 밀가루반죽을 만들고, 나무도마에 던지고, 주먹으로 누른다.

재구성

제목 : 가오리

설치작품

제목 : 세 친구

쿠킹타임

제목 : 주먹밥과 된장국

제7회기 – 소금으로 만들어요

맞이하기	마음결고르기

감정표현하기	재구성
신체 활동 : 20kg가량의 소금자루를 "인디안 밥!" 하며 세게 두드린다. 	제목 : 식탁 꾸미기 

설치작품	쿠킹타임
제목 : 해변의 오후 	제목 : 연어카나페 

제8회기 – 미역으로 만들어요

맞이하기

제목 : 고래밥 마을

마음결고르기

감정표현하기

신체 활동 : 주전자에 물을 붓고 코팅천에 물을 뿌린다.

재구성

제목 : 물방울 아트

설치작품

제목 : 산새알 물새알

쿠킹타임

제목 : 미역냉국

제9회기 – 오징어로 만들어요

맞이하기

마음결고르기

감정표현하기

신체 활동 : 마른 오징어의 귀를 떼어내고, 몸통을 손으로 찢는다.

재구성

제목 : 오징어 램프

설치작품

제목 : 오징어 세 자매

쿠킹타임

제목 : 오징어와 쭈꾸미

제10회기 - 김으로 만들어요

맞이하기

제목 : 등대

마음결고르기

감정표현하기

신체 활동 : 마른 김을 손으로 찢고 물에 담근다.

재구성

제목 : 도깨비 캐릭터

설치작품

제목 : 해외여행

쿠킹타임

제목 : 영양김밥

제11회기 – 전복으로 만들어요

맞이하기

제목 : 보물섬

마음결고르기

감정표현하기

신체 활동 : 드럼 연주

재구성

제목 : 탑쌓기

설치작품

제목 : 산호초

쿠킹타임

제목 : 전복버터구이

제12회기 – 쌀로 만들어요

맞이하기

제목 : 쌀강정

마음결고르기

감정표현하기

신체 활동 : "○○○야 가라."하고 외치면서, 누룽지를 주먹으로 부순다.

재구성

제목 : 세계지도

설치작품

제목 : 바다를 살리자

쿠킹타임

제목 : 해물 쌀국수

도서해양교양문고 ❺

아이와 함께하는 바다사랑 이야기

초판1쇄 발행 2015년 8월 31일

지은이 이정연 **펴낸이** 홍기원
편집주간 박호원 **총괄** 홍종화
편집 · 디자인 오경희 · 조정화 · 오성현 · 신나래 · 김선아 · 남지원
이효진 · 남도영 · 이상재
관리 박정대 · 최기엽
펴낸곳 민속원 **출판등록** 제18-1호
주소 서울 마포구 대흥동 337-25 **전화** 02) 804-3320, 805-3320, 806-3320(代) **팩스** 02) 802-3346
이메일 minsok1@chollian.net, minsokwon@naver.com
홈페이지 www.minsokwon.com

ISBN 978-89-285-0788-7 94380
SET 978-89-285-0266-0

이 도서의 국립중앙도서관 출판시도서목록(CIP)은 서지정보유통지원시스템 홈페이지(http://seoji.nl.go.kr)와
국가자료공동목록시스템(http://www.nl.go.kr/kolisnet)에서 이용하실 수 있습니다. (CIP제어번호 : CIP2015023097)

책 값은 뒤표지에 있습니다.
잘못된 책은 바꾸어 드립니다.